la déchirure du penser

collection « encre marine »
ISBN : 978-2-35088-181-2

michel blay

la déchirure du penser

essai sur l'effacement du Logos

encre marine

« C'est là que l'existant connaît que sa liberté est refus, – refus à tout ce qui tend à l'enfermer pour toujours dans sa propre immanence et ne lui offre que de fausses issues, de fausses transcendances – de soi sur soi, de sa connaissance sur son existence, de la raison universelle sur sa connaissance, d'un Dieu parallèle à son immanence qui, à son tour, ne peut sortir de soi, etc.[1] »

Benjamin Fondane

1. Benjamin Fondane, « Le lundi existentiel et le dimanche de l'histoire », dans *L'existence*, Paris, Gallimard, 1945, p. 52 (l'article occupe les pages 25-53).

Pour Pierre Drachline
Pourquoi interrompre notre conversation ?

Pour Fernando De Barros
Le précieux passeur

Sommaire

Introduction

> « Le monde outrepasse l'ensemble de ses interprétations[1]. »
>
> Kostas Axelos

DANS SON GROS OUVRAGE *Élémens de la géométrie de l'infini* publié à Paris en 1727, Fontenelle, alors Secrétaire Perpétuel de l'Académie Royale des Sciences, distingue d'une part l'infini géométrique « qui n'est comptable que de ce qu'il renferme dans son idée » et d'autre part l'infini métaphysique. Une rupture se fait jour par ce geste spéculatif ; une rupture lourde de conséquence parce qu'elle révèle une déchirure dans ce qu'on appelle « penser » :

> « Nous avons naturellement une certaine idée de l'infini, comme d'une grandeur sans bornes en tous sens, qui comprend tout, hors de laquelle il n'y a rien. On peut appeler cet Infini métaphysique ; mais l'Infini géométrique, c'est-à-dire celui que la géométrie considère, et dont elle a besoin dans ses recherches, est fort différent, c'est seulement une grandeur plus grande que toute grandeur finie, mais non pas plus grande que toute grandeur. Il est visible que cette définition permet qu'il y ait des Infinis plus petits ou plus grands que d'autres Infinis, et que celle de l'Infini métaphysique ne le permettrait pas. On n'est donc

---

1. Kostas Axelos, *Ce questionnement*, Paris, Éditions de Minuit, 2001, p. 13.

> pas en droit de tirer de l'Infini métaphysique des objections contre le géométrique qui n'est comptable que de ce qu'il renferme dans son idée, et nullement de ce qui n'appartient qu'à l'autre[1]. »

Qu'en est-il finalement, pour Fontenelle, de cet infini métaphysique ?

> « L'Infini métaphysique ne peut s'appliquer ni aux nombres, ni à l'étendue. Il y devient un pur Être de raison, dont la fausse idée ne sert qu'à nous troubler et à nous égarer[2]. »

Il y a un infini utile, celui de la géométrie et des mathématiques, et un infini flou, dénommé ici métaphysique[3]. J'ai déjà longuement traité de l'infini mathématique dans de précédents ouvrages[4], c'est l'infini métaphysique qu'il me semble, contrairement à Fontenelle, indispensable de placer maintenant sur le devant de la scène. Je dois poursuivre ma réflexion.

Pourquoi s'interroger sur ce qui nous égare, serait flou et dont en fait il n'y aurait rien à dire ? Parce que, précisément, interroger ce « flou » et ce « rien à dire », qui ne semble être là que pour égarer les esprits, est un questionnement essentiel. Un questionnement, qui interroge le sens même de la connaissance, et qu'on doit appeler « penser ». Penser, c'est,

1. Fontenelle B. le Bovier de, *Élémens de la géométrie de l'infini*, Paris, 1727, préface, p. 13. Pour une analyse détaillée de cet ouvrage nous nous permettons de renvoyer le lecteur à notre article « Du fondement du calcul différentiel au fondement de la science du mouvement dans les *Elémens de la géométrie de Fontenelle* », Studia Leibnitiana, 1989, XVII, p. 99-122. Une réédition récente de cet ouvrage a été donnée et présentée par Michel Blay et Alain Niderst, Paris, Klincksieck, 1995.
2. *Op. cit.*, préface, p. 14
3. Je n'hésite pas à rapprocher ces remarques des quelques mots adressés par Martin Heidegger à son épouse Elfride dans une lettre en date du 2 juin 1945 : « À propos de la manière dont se déploie l'inutile (c'est cela que j'entends par l'« être »), j'ai trouvé récemment ce bref dialogue entre deux penseurs chinois… », cité par Philippe Arjakovsky et Hadrien France-Lanord dans Martin Heidegger, *La Dévastation et l'attente. Entretien sur le chemin de campagne*, Paris, Gallimard, L'infini, 2006, p. 9.
4. Michel Blay, *Les Raisons de l'infini. Du monde clos à l'univers mathématique*, Paris, NRF/Gallimard, coll. « Les essais », 1993. Traduction en langue américaine, Chicago University Press, 1998 ; *Penser avec l'infini de Giordano Bruno aux Lumières*, Paris, Vuibert, 2010 ; *Dieu, la nature et l'homme. L'originalité de l'Occident*, Paris, Armand Colin, 2013.

dans notre existence finie, s'ouvrir, dans le questionnement, à la totalité plus encore qu'à l'infini métaphysique de Fontenelle. Cependant, s'ouvrir ainsi à la totalité est à proprement parler hors de prise de l'action humaine et par cela diffère de toute activité habituelle de la pensée qui est jugement, mise à mal des certitudes, démarches critiques, respect que l'on se doit à soi. Cette ouverture semble, en outre, coupée de l'agir. En cela, l'ouverture, dans le questionnement, à la totalité est à la fois pensée et méditation, interrogation sur l'énigme de l'homme, sur son exister, sur mon exister.

La pensée est présente, du point de vue de son ouverture, dans le questionnement avant toute visée de possession, d'appropriation – y compris par l'infini métaphysique – de maîtrise conceptuelle par l'utile et le calculable ; la pensée est dans l'attente de sa propre attente – un jaillissement. Par ailleurs l'ouverture, dans le questionnement, à la totalité n'est pas une vision du monde ; elle est accueil « de la présence de ce qui est présent »[1] et non appréhension du monde ni non plus volonté de s'abimer dans une quelconque fusion avec le Grand Tout. Elle est un laisser venir contre l'acharnement nihiliste de la maîtrise réduisant la vie à une chose, un laisser exister contre la dépossession. La déchirure du penser ainsi repérée ne doit pas conduire à renoncer, comme semble le suggérer Fontenelle, à l'orée des Lumières dans l'horizon du positivisme, au seul profit de la pure efficacité de la raison calculante et de la maîtrise.

Sans aller plus avant, il apparaît que ce qui semblait vain et inutile à Fontenelle ne l'est pas et mérite d'être questionné. L'ouverture, dans le questionnement, à la totalité, l'énigme de l'homme, l'énigme de sa finitude, ne sont-elles pas des questions intéressantes ou, du moins, aussi intéressantes que de

1. Jean-Paul Michel, *Présence de la poésie*, textes recueillis par Richard Blin, Édition des Vanneaux, 2016, p. 309.

connaître les lois de l'électricité ? Ne constituent-elles pas le sens de l'exister, sa substance même ? Ne sont-elles pas, ces questions, comme l'écrit Edmund Husserl, « précisément (celles) qui sont les plus brûlantes à notre époque malheureuse pour une humanité abandonnée aux bouleversements du destin » à savoir « les questions qui portent sur le sens ou sur l'absence de sens de toute cette existence humaine »[1].

Comment questionner ce qui semble, au regard de la pratique utile et efficace des sciences et des techniques, vain, flou ou inutile, quoiqu'essentiel ? Comment orienter la pensée vers l'ouverture à la totalité, vers l'exister, le sens de l'exister ?

J'explorerai ce questionnement avec l'histoire car l'histoire est à la fois, pour moi, expérience et substance. Dans le chapitre 1, après avoir esquissé une présentation de la pensée héraclitéenne de la totalité parce que précisément elle s'interroge sur l'ouverture à la totalité et sur les enjeux spécifiques et corrélatifs du Logos, je m'attacherai à l'élaboration de la version johannique et chrétienne du Logos qui l'organise autour de la clôture de la création et de la médiation, loin de toute ouverture à la totalité. Le dernier paragraphe examine les conditions de l'effacement du Logos dans la pensée de Giordano Bruno à la fin du XVIe siècle. Cet effacement crée implicitement, les conditions de la mise en place d'une nouvelle clôture.

Dans le chapitre 2 je porterai mon attention sur le sens et la portée de cette nouvelle clôture à travers l'analyse des travaux galiléens et cartésiens. À cette fin, j'introduirai la notion de subjectivité objectivante[2] pour rendre compte de la construction de la nouvelle idée de nature associée, ainsi que le disait

1. Edmund Husserl, *La Crise des sciences européennes et la phénoménologie transcendantale*, traduit de l'allemand et préfacé par Gérard Granel, Paris, Éditions Gallimard, 1976, p. 10.
2. On trouve cette expression une seule fois et dans un contexte assez différent chez Kostas Axelos, *Ce questionnement*, Paris, Éditions de Minuit, 2001, p. 62.

Descartes, à la « fable » de « son monde » ou à la genèse de la nouvelle science comme nature artificielle, certes efficace, mais ouvrant sur une chosification généralisée portant vers le nihilisme.

Enfin, dans le chapitre 3, en revenant sur la notion « d'infini-là »[1], que j'avais introduite dans des ouvrages précédents, je considérerai cette notion comme un point de départ, un fil, pour retrouver une respiration vers l'ouverture, dans le questionnement, à la totalité. Une ouverture portée par une sorte d'analytique de l'infini-là s'appuyant sur les textes ou plutôt sur ce que j'aime à dénommer une « poétique du questionnement » développée par le poète André Frénaud (1907-1993). Une poétique prolongée dans l'épilogue par la reconnaissance d'un éclat de l'ouverture, de retrouvaille avec le visible, un visible à nouveau vu contre toute clôture parce que reçu au cœur de la métamorphose quasi plotinienne du regard intérieur et du regard sensible.

Une joie du regard, une joie de l'ouverture, dans le questionnement, à la totalité, tel est bien en son sens le plus profond l'objet de ce livre. Renaître à cette joie de la totalité dans l'ouverture, loin du panthéisme – « Le grand Pan est mort »[2] – mais dans l'accueil, l'attente et la pensée comme un antidote au nihilisme chosifiant qui règle nos jours, impose et modèle nos fins, contre tout exister.

---

1. Michel Blay, *Dieu, l'homme et la nature. L'originalité de l'Occident*, Paris, Armand, Colin, 2013, p. 16 et p. 275 et *sq*.
2. Blaise Pascal, *Œuvres Complètes*, Présentation et notes de louis Lafuma, Paris, Éditions du Seuil, 1963, *Pensées*, 343, Brunschvicg, 695. De même Guillaume Apollinaire :

   « Beaucoup de ces dieux ont péri
   C'est sur eux que pleurent les saules
   Le grand Pan l'amour Jésus-Christ
   Sont bien morts et les chats miaulent
   Dans la cour je pleure à Paris »,

   Alcools, « La Chanson du mal-aimé », Paris, Mercure de France, 1913, p. 28.

Chapitre 1 : le Logos

> « À l'écoute, non de moi-même, mais du Logos, il est sage de reconnaître que tout est un. »
>
> Héraclite, fragment 50[1]

DANS CE CHAPITRE, je m'interrogerai principalement sur les enjeux du Logos sans entrer dans une approche historique et philologique[2], mais bien plutôt en montrant comment

1. *Héraclite*, traduction intégrale des fragments précédée d'une introduction par Abel Jeannière, deuxième édition revue et augmentée, Paris, Éditions Aubier Montaigne, 1977. Pour des raisons de simplicité et de commodité j'ai en général adopté la traduction des fragments d'Héraclite donnée par Abel Jeannière. Il convient cependant, la traduction de ces fragments étant très délicate, de toujours confronter, au regard du grec, les diverses traductions proposées suivant les interprétations et les différents classements. J'utiliserai en particulier : Clémence Ramnoux, *Héraclite ou l'homme entre les choses et les mots*, in *Œuvres*, Paris, Les Belles Lettres/encre marine, 2020 ; Jean Bollack et Heinz Wismann, *Héraclite ou la séparation*, Éditions de minuit, 1972 ; Marcel Conche, *Héraclite. Fragments*, Paris, PUF, 1986, et *Héraclite, Fragments recomposés. Présentés dans un ordre rationnel*, Paris, PUF, 2017 ; Jean-François Pradeau, *Héraclite. Fragments (citations et témoignages)*, Paris, GF-Flammarion, 2002 et 2004.
2. Signalons pour information les livres de Giorgio Colli, *La Naissance de la philosophie*, traduit de l'italien par Patricia Farazzi, éditions de l'éclat, 2004, (édition italienne, 1975) et *nature aime à se cacher*, traduit de l'italien par Patricia Farazzi, Édition de l'Éclat, 1994, (édition italienne, 1948) ; voir également Martin Heidegger, « Logos (Héraclite, Fragment 50) » dans *Essais et conférences*, traduit de l'allemand par André Préau et préfacé par Jean Beaufret, Gallimard, 1958, (édition allemande, 1954) et Martin Heidegger avec Eugen Fink, *Héraclite. Séminaire du semestre d'hiver 1966-1967*, traduction Jean Launay et Patrick Levy, Paris, Gallimard, 1973 (édition allemande, 1970).

le Logos qui anime et nourrit la pensée ouverte à la totalité, pensée qui, en accueillant et recueillant, rend possible la connaissance chez Héraclite, devient le Logos johannique de la clôture, de la création, du salut et du médiateur. Entre ces deux pôles, je reviendrai cursivement sur Platon qui, dans la dichotomie de l'intelligible et du sensible, ne retient d'Héraclite que la doctrine mobiliste du flux universel pour le sensible, puis sur Plotin qui, certes, conserve le Logos, mais lui attribue un statut et un rôle bien différents quoique indispensables pour unifier le tout en tant que tout. Il en sera autrement avec le Logos johannique créateur *ex nihilo* de tout ce qui est, mais d'un tout qui, n'étant plus la totalité, rompt avec l'ouverture, dans le questionnement, à la totalité. Un Logos qui s'effacera au tournant des XVIe et XVIIe siècles en laissant notre exister en déshérence.

L'ouverture héraclitéenne

Dans le fragment 50, Héraclite, cité par Hyppolite de Rome, affirme :

> « À l'écoute, non de moi-même, mais du Logos, il est sage de reconnaître que tout est un[1]. »

Ce fragment – l'un de ceux qu'il nous reste indirectement du rouleau qui aurait été déposé par Héraclite dans le temple

1. *Héraclite,* traduction de Abel Jeannière, *op. cit.* En raison de l'importance de ce fragment j'en donnerai différentes traductions, cependant voisines. Clémence Ramnoux : « En écoutant, non moi, mais le Logos, il est sage de tomber d'accord pour dire : tout est un », *op.cit.*, p. 242. Jean Bollack et Heinz Wismann : « L'art est bien d'écouter, non moi, mais la raison, pour savoir dire en accord toute chose-une », *op. cit.*, p. 175. Marcel Conche : « Il est sage que ceux qui ont écouté, non moi, mais le discours, conviennent que tout est un », *op.cit.*, p. 89. Jean-François Pradeau : « En écoutant non pas moi mais la raison, il est sage d'accorder que toutes choses sont unes », *op. cit.*, p. 268.

d'Artémise à Éphèse – marque l'entrée du Logos en ce sens que celui-ci a affaire avec l'unité du tout, « tout est un ». La totalité, pour Héraclite, est conçue comme un jeu des contraires, mais cette totalité est une. Le Logos nous donne à entendre et à penser la totalité du monde ; il se donne comme ce par quoi la pensée s'ouvre à la totalité. En cela il est le lien par lequel à la fois tout est un et ce par quoi nous disons que tout est un.

Il convient d'approfondir un peu ces remarques rapides et préalables et, principalement, de revenir sur le rapport qui semble s'établir entre Logos et totalité, du point de vue de l'ouverture à la totalité, dans la pensée d'Héraclite. Revenons d'abord sur le terme Logos qu'on ne peut rendre simplement par « parole » ou « discours » puisqu'il faut écouter ni Héraclite, ni même le Logos d'Héraclite, mais le Logos lui-même puisque l'unité devient unité par le Logos en tant qu'il lie les phénomènes entre eux, des phénomènes déjà traversés par le Logos et non pas compris comme du pur sensible : « Le Logos d'Héraclite est le sens et le fondement du monde, la norme et la loi qui détermine tout et dont la saisie rend tout compréhensible[1]. » Le Logos est ainsi le mouvement en tant que tel puisqu'il est, comme l'écrit avec force Abel Jeannière, « à la fois cause et fin des êtres, c'est la raison toujours présente mais cachée, aussi bien sous les phénomènes qui la voilent en la révélant que sous les phrases du penseur qui veut aider les autres à la saisir, car le Logos peut être suggéré, mais non pas défini »[2].

Le Logos est au cœur de la dialectique héraclitéenne, l'unifiant. Ainsi est-il précisé dans le fragment 54 : « Une harmonie invisible est supérieure à l'harmonie visible[3]. » L'invisible ou

1. H. Fränkel, *Dichtung und Philosophie des frühen Griechentums*, New-York, 1951, cité par Abel Jeannière, *op. cit.*, p. 42.
2. *Ibid.*
3. *Ibid.*

plus exactement l'harmonie où le lien peut être cause alors que le visible n'est qu'un effet, mais il ne faut pas comprendre ici l'invisible comme un « soutenant », mais plutôt comme un « traversant » qui lie dans l'harmonie. La traduction de Jean Bollack et de Heinz Wismann est éclairante : « Le lien qu'on ne voit pas est plus fort que celui qu'on voit[1]. » L'apparent et l'inapparent ont partie liée dans l'engendrement harmonique. Ainsi, de même, dans le fragment 10 : « Unions : entiers et non entiers, convergence et divergence, accord et désaccord des voix, enfin de toutes choses une et d'une toute[2]. » Par le Logos se manifeste l'unité des contraires, hors du principe de contradiction, de telle sorte que, si l'on peut dire, choses et pensées ne sont pas séparées.

L'unité des contraires que réalise le Logos, en tenant les opposés ensemble, est harmonie et rythme comme en témoigne le fragment 51 : « Ils ne savent pas comment le discordant s'accorde avec soi-même ; accord de tensions inverses, comme dans l'arc et la lyre[3] ». Le rythme est aussi celui de la dialectique, un rythme qui appréhende l'être, l'être en devenir, l'être qui est devenir dans l'unité des contraires. En un mot, comme l'écrit parfaitement Kostas Axelos : « La pensée dialectique se développe dans l'horizon du Logos qui anime la pensée ouverte à la totalité, pensée qui féconde la connaissance[4]. »

1. Jean Bollack et Heinz Wismann, *op. cit.*, p. 188.
2. Abel Jeannière, *op. cit.* Des précisions sont données dans la traduction de Marcel Conche : « Jonctions : touts et non touts, rassemblés séparés, consonant dissonant ; de toutes choses l'un et de l'un toutes choses », *op. cit.*, p. 92 et dans celle de Jean-François Pradeau : « Les liaisons sont des touts et ne sont pas des touts, l'accord et le désaccord, le consonant et le dissonant : de l'un proviennent toutes choses, et, de toutes choses provient l'un », *op. cit.*, p. 125.
3. Abel Jeannière, *op. cit.* Ce fragment doit être rapproché du fragment 50 comme le souligne la traduction de Jean-François Pradeau : « Ils ne comprennent pas comment ce qui est différent de soi-même s'accorde avec soi-même ; il y a une harmonie dans les deux directions, comme dans l'arc et dans la lyre », *op. cit.*, p. 151.
4. Kostas Axelos, *Héraclite et la philosophie*, Paris, Éditions de Minuit, 1962, p. 55.

Je viens cursivement de rappeler quelques aspects de ce qui est dénommé Logos pour Héraclite. Cependant, la simple lecture des fragments que nous venons de donner, montre que le Logos semble jouir dans la pensée d'Héraclite, en rapport avec l'ensemble des éléments de cette pensée, d'une position extrêmement féconde, dans la perspective du sens de la réflexion que nous souhaitons mener, tant du point de vue, pourrait-on dire en terme moderne, du jeu de l'immanence et de la transcendance, que de celui de l'ouverture à la totalité. Dans ce cadre, Kostas Axelos résume en quelques lignes la problématique : « Logos et Dieu constituent les liens de l'Univers »[1] et un peu plus bas : « Dieu, le Logos, le cosmos, le feu s'unissent sans s'identifier[2]. » Il convient, sans séparer ce qui ne peut l'être dans la pensée des contraires d'Héraclite, d'éclairer un peu le jeu des principaux termes cités précédemment.

Ainsi, on peut lire dans le fragment 67 : « Dieu est jour et nuit, hiver et été, guerre et paix, satiété et faim ; mais il change comme le feu, quand il est mélangé d'aromates et nommé suivant le parfum de chacun d'eux[3]. » « Dieu change comme le feu », Dieu est en devenir, il est en mouvement et change tout en restant le même. Dieu est l'union des contraires, « il est jour et nuit », « hiver et été », « guerre et paix », « satiété et faim ». L'union des contraires se réalise en Dieu, par Dieu, alors qu'elle ne l'est pas pour les hommes, des hommes qui restent aux prises avec ces contraires. Dieu a à voir avec le Logos ; il est sans l'être, le Logos. Jean-François Pradeau précise dans le même contexte : « L'ordre immuable de la contrariété et du changement est nommé Dieu par Héraclite. Les quatre couples majeurs ici énumérés désignent en effet les intervalles

1. *Ibid.*, p. 125.
2. *Ibid.*, p. 125.
3. Abel Jeannière, *op. cit.*

de changement dans lesquels toutes choses changent ; ils définissent la réalité dans son ensemble, une et éternelle. C'est cela seul qui mérite le nom de Dieu[1]. »

Par ailleurs, dans le fragment 30 Héraclite précise : « Ce monde-ci, dans son ordre, le même pour tous les êtres, aucun des dieux ni des hommes ne l'a fait, mais il a toujours été, et il est, et il sera, feu toujours vivant, qui s'allume avec mesure et s'éteint avec mesure[2]. » Le monde n'a pas de commencement, il n'a pas été créé, il est le cosmos, c'est-à-dire la totalité ordonnée et universelle toujours changeante. Le monde dans son ordre donne, à travers les figures du feu, une image du Logos. Là encore le cosmos qui est en devenir par la forme du feu est profondément uni au Logos, mais sans s'identifier à ce dernier. Le feu est éternel, mais il est aussi le feu du monde, dans le monde, la vie du monde. Dans un cycle que l'on peut appeler cycle du feu, tout devient feu comme l'indique Simplicius : « Héraclite affirme que selon certaines alternances, l'univers s'embrase et meurt, naît et se forme par le feu[3]. » De même, dans le fragment 90 Héraclite affirme : « De toutes choses il y a échange contre le feu, et du feu contre toutes choses, comme des marchandises contre de l'or et de l'or contre des marchandises[4]. » Le feu est l'élément constitutif de toutes choses, et toutes choses résultent des transformations et des échanges du feu.

Dieu, feu, Logos, cosmos ; comment penser le jeu de ces quatre termes qui ne sont pas, il est important de le rappeler, que des mots ? Le feu, nous l'avons noté, fait du monde un cosmos, mais le feu est aussi le Logos, sans être simplement le Logos ; Dieu constitue, comme le Logos, les liens de l'Univers.

1. Jean-François Pradeau, *op. cit.*, p. 323.
2. Abel Jeannière, *op. cit.*
3. Simplicius, *De caelo*, cité par Abel Jeannière, *op. cit.*, p. 25.
4. Abel Jeannière, *op. cit.*

Ces termes se confondent, mais sans s'identifier. Le feu, par exemple, est à la fois transcendant et immanent pour reprendre des termes modernes qui ne sont en rien ceux d'Héraclite. Le feu gouverne le monde, mais il est aussi dans le monde comme le souligne le fragment 64 : « Et il dit encore que le jugement du monde et de tout ce qu'il contient se fait par le feu ; il le dit ainsi : la foudre gouverne toutes choses, c'est-à-dire qu'il le dirige avec rectitude, et Héraclite appelle ainsi foudre le feu éternel[1]. » De même dans le fragment 66, suivant Jean Bollack et Heinz Wismann : « feu, qui vient, séparera et saisira toute chose[2]. »

Le feu s'identifie à Zeus, la foudre, mais comme le rappelle Théophraste : « Le feu cyclique est Zeus éternel, [...] il est aussi le destin et le Logos[3]. » Ainsi, sans nul doute, il convient d'identifier ce feu, le Logos et Zeus, mais dans une identification dynamique ou dialectique, une identification héraclitéenne. L'unité des contraires se réalise tout en se défaisant dans le mouvement du Logos, qui est aussi le feu ou Dieu. Immanence et transcendance ne font qu'un à travers l'incessant jeu du feu, du Logos, de Dieu et du cosmos. Ainsi le feu gouverne l'univers sans en être la cause tout en lui étant parfaitement immanent puisqu'identique au tout comme le rappelle A. Jeannière : « Or c'est justement cette immanence du feu qui se révèle alors comme transcendance. Le feu, qui transcende chaque être parce qu'il est immanent à tous, demeure lui-même en étant toutes choses. Et comme tel il est "la pensée qui gouverne le tout par le moyen du tout" (fragment 41)[4]. »

1. Traduction Jean-François Pradeau, *op. cit.*, p. 129. Dans Hippolyte, *Réfutation de toutes les hérésies*, IX, 10, 7.
2. Traduction Jean Bollack et Heinz Wismann, *op. cit.*, p. 218.
3. Cité par Abel Jeannière, *op. cit.*, p. 47-48.
4. Abel Jeannière, *op. cit.*, p. 49.

Je ne souhaite pas aller plus avant dans l'analyse et la présentation de la pensée d'Héraclite. Il me semble, dans la perspective de ma réflexion en rapport avec la déchirure du penser, que les principaux éléments qui en relèvent ont été mis en place : d'une part, la pensée ouverte à la totalité et d'autre part, le constat que l'immanence et la transcendance peuvent être pensées ensemble dans un jeu dialectique en considérant, par exemple, sans entrer dans le vain débat du monisme et du panthéisme, que le transcendant – ce qui transcende chaque être – est immanent à tous, tout en demeurant lui-même en étant toutes choses. Il en est ainsi, nous l'avons vu, du feu d'Héraclite et conséquemment de Dieu et du Logos. L'horizon de l'ouverture à la totalité n'impose donc aucune pensée, je dirai même, surtout pas, de la transcendance.

L'organisation conceptuelle devient autre avec le développement de la pensée grecque et philosophique où s'introduit, en particulier avec Platon, la distinction ou plutôt la dichotomie de l'intelligible et du sensible. Dans cette dichotomie, un intelligible (*noeton*) se constitue dans son rapport avec le devenir et le sensible (*aistheton*). Platon, dans le cadre de cette dichotomie, fait, dans le prolongement du *Cratyle* (401e-402d), de l'« écoulement » (*panta rhei*) héraclitéen l'une des formules du changement qui affecte toujours et totalement les choses sensibles alors que l'intelligible demeure de son côté inchangé ; il est la stabilité de la forme, de l'idée par laquelle, aussi, se fait jour notre conception de la vérité qui n'est plus exactement celle d'un apparaître. Cette dichotomie soulève immédiatement un problème extrêmement difficile si l'on veut préserver l'unité du tout : comment penser l'écart ou, corrélativement, le lien – la participation – entre l'intelligible et le sensible, la jointure du sensible et de l'intelligible, une jointure qui se réalisera avec l'incarnation du Logos, mais en échappant à la pensée grecque et en devenant un mystère ? La clarté de l'ouverture à la totalité héraclitéenne s'en trouve assombrie comme elle l'était déjà d'une autre façon, pour le dire rapidement, par les thèses du Poème de Parménide suivant lesquelles le tout, « la philosophie de la nature » est subordonné à une « métaphysique », à une pensée de la réalité[1]. Ces questions nouvelles, après Héraclite, principalement de la participation, requièrent le Logos, comme en témoigne entre autres son rôle, visant à assurer le passage du sensible à l'intelligible dans le *Banquet* de Platon (en particulier 210d-207a et 209e-212a), tout comme dans le développement de la pensée grecque jusqu'à, par exemple, Plotin.

Cette configuration se complique encore avec ce dernier puisque la dichotomie platonicienne s'augmente, si l'on peut dire, d'un troisième terme : l'Un, apparenté au Bien platonicien, mais seulement apparenté. Dans son traité 10 « Sur les trois hypostases qui ont rang de Principes », Plotin offre un aperçu de sa doctrine tout en soulignant l'une après l'autre sa dette vis-à-vis du *Timée*, mais plus encore de Parménide et du *Parménide* de Platon :

> « Voilà la raison pour laquelle Platon dit qu'il y a trois rangs de réalité : toutes les choses sont "autour du roi qui règne sur tout" – il veut bien sûr parler des réalités premières –, "le deuxième est auprès des choses de deuxième rang, et le troisième est auprès des choses de troisième rang". Il dit aussi qu'il y a un "père de la cause", en qualifiant de "cause" l'Intellect. Car l'Intellect est, selon lui, le démiurge. Il dit que l'intellect produit l'âme dans ce "cratère" dont il parle dans le *Timée*. Le père de cette cause qu'est l'intellect, il affirme que c'est le Bien, ce qui est au-delà de l'intellect et "au-delà de la réalité". Il répète que l'être et l'intellect, c'est la Forme ; dès lors Platon savait que l'intellect vient du Bien, et que l'Âme vient de l'intellect. Non les propos que nous tenons ne sont pas nouveaux et ils ne datent pas d'aujourd'hui car ils ont été déjà tenus dans l'Antiquité, mais sans que leur sens ait été déployé. En

1. Parménide, *Le Poème : Fragments*, traduction, présentation et commentaire par Marcel Conche, Paris, PUF, coll. « Épiméthée », 1996.

tenant les propos qui sont actuellement les nôtres, nous sommes les interprètes de ces propos antérieurs, en nous appuyant sur les propres écrits de Platon qui témoignent de l'Antiquité de ces doctrines. »

Considérons maintenant la dette vis-à-vis de Parménide et du *Parménide* :

> « Cela étant, Parménide avait lui aussi, avant Platon, soutenu pareille opinion, dans la mesure où il identifiait l'être et l'intellect, et qu'il posait que l'être ne se trouve pas parmi les choses sensibles, quand il soutenait que "penser et être sont en effet la même chose". Et il affirme aussi que l'être est « immobile », même s'il ajoute qu'il fait acte de penser, et cela en le privant de tout mouvement corporel, pour qu'il reste dans le même état, et en le comparant à la « masse d'une sphère », parce qu'il contient toutes choses en son enveloppe et que l'acte de penser s'exerce non pas hors de lui, mais en lui. En l'appelant « un » dans ses écrits, il s'exposait à la critique car cet un se révèle multiple. En revanche Le *Parménide* de Platon s'exprime de manière plus précise, car il distingue l'un de l'autre le premier Un, qui est un au sens propre, le deuxième, qu'il appelle "un-plusieurs", et le troisième, qui est "un et plusieurs". Il est ainsi d'accord lui aussi avec la doctrine des trois natures[1]. »

Plotin distingue trois natures qui sont dites « principes ». Elles constituent les réalités véritables dans la mesure où elles seules ont une existence véritable, une « hypostase ». Le premier principe est l'Un, qui précède et cause toute existence tout en étant ineffable et sans être engendré ; puis l'intellect qui est aussi être et vie ; enfin, l'âme qui est la cause du sensible, de l'ordonnancement du monde sensible, ordonnancement qui, bien évidemment, est une image du monde intelligible.

Dans ce cadre, le problème platonicien de la participation, que nous avons brièvement évoqué plus haut, devient pour Plotin très prégnant afin d'assurer, comme pour Platon, la cohésion du Tout avec lui-même. Cette difficulté est, pour partie, chez Plotin, traité au moyen à nouveau d'une doctrine du Logos.

---

1. Plotin, *Traités*, traductions sous la direction de Luc Brisson et Jean-François Pradeau, Paris, GF-Flammarion, 2003, traité 10 (V, 1), 8, p. 166-167.

Cette doctrine s'inspire aussi, tout en s'en détachant profondément, de celle des stoïciens. Ces derniers, selon Plotin, « affirment que les raisons (*logoi*) suffisent »[1] pour rendre compte et pour produire les trois niveaux différents du *pneuma* qui, pour eux, restent immanents aux choses qu'elles produisent. Ce dernier point en particulier est rejeté par Plotin puisqu'au lieu de les séparer, il conduit à l'identification de la raison, de la nature, de l'intellect et de la matière. Dans la doctrine plotinienne, c'est à l'âme d'informer le monde sensible en prenant modèle sur son propre principe, l'intelligible, auquel elle appartient. Cela ne se réalise pas immédiatement, mais au moyen de raisons (*logoi*) projetées sur la matière et qui sont les images des formes intelligibles que l'âme reçoit : « Ce que l'intellect donne à l'âme est proche de la vérité ; ce que le corps reçoit, ce ne sont que des images et des imitations »[2] ; de même dans le traité 1 : « Ainsi donc un corps beau est beau par une communauté avec une raison (Logos) venu des Dieux[3]. » Le rôle des *logoi* se retrouve encore dans le traité 5 : « C'est bien l'âme qui donne aux quatre éléments la figure du monde, mais c'est l'intellect qui lui fournit les raisons (*logoi*) comme les âmes des techniciens reçoivent des techniques les raisons (*logoi*) qui président à leur activité[4]. »

Tout devient autre avec le Logos johannique, introduit dans le prologue de l'Évangile selon Jean comme dans une sorte d'entrée en matière pour l'ensemble des Évangiles[5]. Le tout et l'ouverture à la totalité deviennent tout autres,

1. Plotin, *Traités*, *ibid.*, traité 5 (V, 9), 5, p. 204.
2. *Ibid.*, traité 5 (V, 9), 3, p. 202.
3. *Ibid.*, traité 1 (I, 6), 2, p. 70.
4. *Ibid.*, traité 5 (V, 9), 3, p. 202.
5. Origène (ca 185-254) précise : « …et que celui [l'Évangile] de Jean constitue les prémisses des Évangiles », Origène, *Au commencement était le Verbe*, traduit du grec, préfacé et annoté par Nicolas Waquet, Paris, éditions Payot et Rivages, 2013, p. 35 (Livre I, introduction, paragraphe 23).

absolument autres. L'assujetti, le réduit et le fini caractérisent dorénavant le lieu, le monde de la vie des hommes. Là où tout se jouait entre l'homme et le cosmos, un homme dont les sens captaient les signes, où sa raison assurait leur validité et où sa parole tout comme son discours les ordonnaient, tout va dès lors se résorber et se fonder, dans la genèse biblique, sur la médiation et la révélation. En outre, avec le Christianisme, le dogme de la création va se substituer à la pensée du devenir, tant du point de vue de son éternité que de celui de l'instauration d'une téléologie.

Le Logos johannique

Le verset 14 du prologue de l'Évangile selon Jean, donne :

> « Et le Logos est devenu chair et il a habité parmi nous et nous avons contemplé sa gloire, gloire comme celle que tient du Père le Fils unique, plein de grâce et de vérité [1]. »

Le Logos est incarné, il est le Fils. De quel Logos s'agit-il et en quel sens rompt-il avec le Logos héraclitéen et, d'une façon générale, tant avec le Logos grec qu'avec l'ouverture, dans le questionnement, à la totalité ?

Revenons au début du prologue. Ce dernier dans son mouvement peut être divisé en deux moments : celui vers le « commencement » (versets 1,2) et celui de l'incarnation.

> Verset 1 : « Au commencement était le Logos et le Logos était auprès de Dieu, et le Logos était Dieu. »

1. Dans la suite de notre analyse du Prologue nous nous référerons à la traduction et au remarquable commentaire donné par Jean Zumstein, *L'Évangile selon Saint Jean (1-12). Commentaire du Nouveau Testament IV a,* Genève, Labor et Fides, 2014. Voir également, *Le Nouveau Testament*, traduction officielle liturgique, présenté par Jean Philippe Fabre, Paris, Mame, 2017.

Verset 2 : « Celui-ci était au commencement auprès de Dieu. »

De quel commencement s'agit-il ? De celui évoqué dans la Genèse ? Sans doute pas, car alors il semblerait qu'il y ait comme une préexistence du Logos. Non, ce n'est pas la création conçue dans le rapport de Dieu aux hommes qui est introduite ici, mais bien plutôt la question de la « relation » de Dieu au Logos dans un « commencement » qui précéderait la création proprement dite, au sens de la Genèse. S'impose ainsi l'idée d'un « commencement » au-delà, inabordable par la pensée humaine, d'un « commencement » où se cache l'origine et qui déborde toute pensée ; déjà, semble n'être plus à l'ordre du jour l'idée d'une pensée ouverte à la totalité : elle semble se dérober et se résoudre en se déterminant dans la transcendance divine. La « réalité » de Dieu se distingue d'une façon semble-t-il radicale du monde. Rupture avec l'ouverture, dans le questionnement, à la totalité et introduction assujettissante d'une transcendance. Dans cette perspective, celle du verset 1 et du « commencement », – le « Logos auprès de Dieu » et « le Logos était Dieu » – le Logos (la personne de Jésus-Christ) est bien Dieu lui-même et, en aucune façon, Jésus n'est au « commencement » comme immanent au monde. Il est Dieu et en cela non pensable. On notera qu'aucune explication n'est fournie concernant l'origine du Logos. Dieu et le Logos sont là, simultanément sans autre élément se rapportant à leur engendrement que « au commencement ». Jean Grosjean dans son « Commentaire de l'Évangile selon Jean » éclaire en profondeur ces versets : « Dieu n'est pas Dieu parce qu'il a fait le monde, parce qu'il a inventé quelque chose, non, Dieu est Dieu parce qu'il est en conversation, parce qu'il y a du langage chez lui[1]. »

1. Jean Grosjean, *L'Ironie christique. Commentaire de l'Évangile selon Jean*, Paris, Gallimard, 1991, p. 12.

Le subtil jeu de la transcendance et de l'immanence que nous avons décrit, en terme moderne, dans la pensée héraclitéenne est ici totalement abandonné. Dieu a tué la Nature grecque, mais l'homme de la puissance, de la maîtrise et de la technique, à son tour, comme un nouvel homme (celui que je dénomme l'*Homoenergeia* dans mon livre *Dieu, la nature et l'homme*), se passera de Lui. Ce nouvel homme portera avec lui le néant chosifiant et la figure du nihilisme. Nous n'en sommes pas encore là.

> Verset 3 : « Toutes choses sont advenues par lui et rien de ce qui fut ne fut sans lui. »

Ce verset 3 noue la relation entre le Logos et le monde. Le Logos devient, ce qu'il restera d'ailleurs, le médiateur. C'est par son intermédiaire ou sa médiation que le monde advient et que se constitue la relation entre Dieu et le monde. L'introduction du médiateur, le Logos ou le Christ, souligne la rupture entre la transcendance et l'immanence qu'il importe de combler comme déjà, si l'on peut dire, cette même question se posait dans la pensée grecque, mais bien évidemment sans l'incarnation, depuis Platon. Nous rappelons que, précisément, depuis Platon le Logos intervient d'une façon notoire dans la résolution de la question de la « participation », du lien entre l'intelligible et le sensible, voire avec l'Un chez Plotin. Donc, dans le prologue, le médiateur est là et le monde est l'œuvre du Logos divin ; le monde est donc pleinement et absolument la création de Dieu dans une sorte de création de l'être à partir du non-être, comme l'écrit Origène[1], étant entendu que Dieu est au-delà de l'être – néant – comme on le trouvera chez Jean Scot Érigène ou chez Nicolas de Cues[2].

1. Origène : « Car nous sommes persuadés que Dieu créa l'être à partir du non-être... », *op. cit.*, p. 59 (XVI, 103).
2. Jean Scot Érigène (800/810-ca 877) pense Dieu hors de l'être et pour cela on peut dire que Dieu est néant. Pour une présentation générale de l'œuvre de Jean Scot nous renvoyons les lecteurs aux introductions rédigées par Francis Bertin à l'occasion de son édition et

Ce Dieu créateur n'est pas le démiurge du *Timée* de Platon – quoique, selon Origène le Christ, comme principe, pourrait être considéré comme tel[1] – qui fabrique déjà le monde dans lequel nous vivons, mais cela à partir des Formes permettant de mettre en ordre un désordre préexistant. En outre, ce monde, notre monde de vie, ainsi créé en suivant Platon, ne sera pas non plus dans les transformations de la pensée grecque cet objet quelque peu artificiel platonicien, mais un être possédant lui-même son principe de formation et de croissance, un principe interne dénommé *phusis*. La *phusis* est un principe immanent, une cause intérieure, un principe de mouvement qui agit dans les choses matérielles, les étants naturels, et les guide vers leur accomplissement ou maturité[2].

Si nous revenons au verset 3, il convient de noter que la totalité du monde devient le monde créé, celui dans lequel chacun vit et non plus la totalité héraclitéenne, puisque précisément Dieu a délimité la totalité, pour les hommes, au monde qu'il a créé. Il n'y a plus lieu de méditer sur l'ouverture à la totalité, mais de s'abandonner à ce Dieu qui a créé notre espace de vie et « fausse la mort en la détachant de la totalité »[3]. Le séjour

---

traduction annotée du *Periphyseon,* Paris, PUF, coll. « Épiméthée », 1995. De son côté, Nicolas de Cues précise : « Il ne reste donc rien à dire sinon que la multiplicité des choses naît de ce que Dieu est néant », *La Docte Ignorance,* traduction Pierre Caye, David Larre, Pierre Magnard et Frédéric Vengeon, Paris, GF-Flammarion, 2013, p. 116.

1. « Le Christ, d'une certaine manière est le démiurge auquel le Père dit : « Que la lumière soit » et « qu'il y ait un firmament ». c'est comme principe que le Christ est démiurge, étant donné qu'il est Sagesse ; car c'est parce qu'il est Sagesse qu'il est appelé principe » Origène, *Au commencement était le Verbe, op.cit.,* p. 61 (XVI, 110-111).

2. Aristote : « on appelle nature, en un sens, la génération de ce qui croît par nature [...] en un autre sens, c'est le premier constituant à partir duquel croît ce qui croît par nature ; en outre, c'est le point de départ d'où le mouvement premier se trouve en chacun des êtres naturels, en tant que tel », *Métaphysique,* présentation et traduction par Marie-Paule Duminil et Annick Jaulin, Paris, GF-Flammarion, 2008, livre (delta), 1014b, 15-20, p. 185 et Aristote, *Physique* II.

3. Philippe Jaccottet, *Rilke,* Paris, Éditions du Seuil, 1970 et 2006, p. 123. Il s'agit du commentaire de Philippe Jaccottet portant sur une lettre de Rilke adressée à Lotte Hepner relative à Tolstoï. Philippe Jaccottet écrit : « D'où il ressort que le christianisme [...] aux yeux de Rilke, de même qu'il fausse l'amour charnel, fausse la mort en la détachant de la totalité. »

sur la terre n'est plus dans l'infini, le Tout, mais définitivement dans le fini, le créé. Giordano Bruno, quelques siècles plus tard, ouvrira à nouveau le fini sur l'infini, mais alors, de quel infini s'agira-t-il ?

Le monde est advenu et l'activité du Logos se développe suivant deux formes qui s'expriment à travers deux métaphores : celle de la vie et celle de la lumière.

Verset 4 : « En lui était la vie et la vie était la lumière des hommes. »

La vie se trouve dans le Logos, « en lui était la vie », la vie était déjà dans le Logos, ce n'est donc pas de la vie quotidienne ou de la vie de tous les jours, ni non plus de la vie biologique dont le sens est sous-entendu ici ; la vie est un bien, un don de Dieu qui est accordé aux hommes. Jean, dans son évangile, ajoute : « Moi, Je suis le pain de vie »[1], mais encore « Moi, Je suis le pain vivant descendu du ciel ; si quelqu'un mange de ce pain il vivra pour l'éternité »[2], ou bien encore « … car Je suis le pain de Dieu, c'est celui qui descend du ciel et qui donne la vie au monde »[3]. Par ailleurs, cette vie est aussi « lumière des hommes », c'est donc bien, puisqu'il ne s'agit pas ici de la seule lumière sensible, d'une vie « spiritualisée », d'une vie réelle par laquelle la vie des hommes trouve son sens et sa direction. Le Christ est la lumière – la vérité – du monde intelligible et cette vie intelligible est un don fait à tous par Dieu pour racheter la faute originelle qui a emprisonné la raison. Dans cette perspective, la rupture avec la pensée grecque, et sans grande conciliation possible, apparaît radicale, puisque ce qui était réservé à un petit groupe de penseurs (une école) est mis maintenant, semble-t-il, à la portée de tous, voire offert à tous. Cependant le cadre de la démarche n'est plus le même puisqu'il

1. Jean, 6, 35.
2. Jean, 6, 51.
3. Jean, 6, 33.

ne se fonde plus sur l'usage de la raison, du Logos au sens grec, cherchant un fondement dans l'intelligible, par exemple, dans la démonstration mathématique, mais dans le recours et le secours d'une démarche toute différente, accédant à un mode de connaissance, en lui-même, non discursif, privilégiant le mouvement du « sentiment », de la valeur religieuse de l'intelligence et de la souveraineté absolue de la grâce. La raison, en ce qu'elle est raison démonstrative, est toujours seconde ; Dieu touche et habite le cœur, ce que Blaise Pascal ne manquera pas, quelques siècles plus tard, de rappeler. Le sens de la vie, au regard du verset 4 du prologue, ne peut donc être saisi en dehors du Logos divin.

> Verset 5 : « Et la lumière brille dans les ténèbres et les ténèbres ne l'ont pas saisie. »

Dans le verset 4 apparaissaient déjà les enjeux de l'incarnation, laquelle ne sera affirmée pleinement qu'au verset 14. Le verset 5 peut être compris comme une allusion renouvelée au thème de l'incarnation, mais également comme un rappel du texte de Paul aux Éphésiens : « Autrefois vous étiez ténèbres ; maintenant, dans le Seigneur, vous êtes lumière[1]. » Ce verset introduit aussi Jean le Baptiste. Les versets suivants 6 à 13 concernent précisément l'activité du Baptiste :

> Verset 6 : « Il y eut un homme, envoyé de la part de Dieu, son nom était Jean. »
>
> Verset 7 : « Celui-ci vint en vue du témoignage afin de témoigner au sujet de la lumière, afin que tous crussent par lui. »
>
> Verset 8 : « Celui-là n'était pas la lumière, mais c'était afin qu'il rendît témoignage à la lumière. »
>
> Verset 9 : « Il était la lumière véritable qui illumine tout homme, en venant dans le monde. »

1. Paul, Lettre aux Éphésiens, 5, 8.

Ce dernier verset renvoie au verset 4, à savoir au Logos par lequel la vie et la lumière sont données à chaque homme ; chaque homme est ainsi illuminé dans une sorte de spiritualisation de la vie.

> Verset 10 : « Il était dans le monde et le monde fut par lui et le monde ne l'a pas connu. »
>
> Verset 11 : « Il vint dans son propre bien et les siens ne l'ont pas accueilli. »
>
> Verset 12 : « Mais à ceux qui l'ont reçu, il leur a donné le pouvoir de devenir enfants de Dieu, à ceux qui croient en son nom. »
>
> Verset 13 : « Eux qui ne sont pas ni du sang, ni d'un vouloir de chair, ni d'un vouloir d'homme, mais de Dieu. »

Les croyants sont ceux qui se soumettent à l'action divine, c'est-à-dire ceux qui permettent au Logos d'être le Logos, un Logos qui s'incarne.

> Verset 14 : « Et le Logos est devenu chair et il a habité parmi nous et nous avons contemplé sa gloire, gloire comme celle que tient du Père le fils unique, plein de grâce et de vérité. »

Le Logos préexistant, le Logos « auprès de Dieu » qui « était Dieu » est venu dans le monde, il est « devenu chair ». Il ne s'agit en aucun cas d'une divinisation de la chair, mais d'une incarnation par laquelle le corps est devenu chair vivante, mieux, chair vive : le Logos préexistant qui était Dieu est dans le monde un homme et cet homme, inversement, est le Logos préexistant. Par ce verset, Jean souligne qu'il faut comprendre l'incarnation en son sens le plus radical. Dans cette perspective, il apparaît clairement que Jésus ne délivre pas simplement un message comme le ferait un sage ou un prophète ; il est lui-même en personne le message, un message qui est le Logos. Dans ce cadre la rupture est radicale avec ce qui peut être rassemblé sous la dénomination de philosophie grecque et, en particulier, au regard de la pensée d'Héraclite et de l'ouverture, dans le questionnement, à la totalité, à l'accueil de la totalité.

Comment en effet le concept grec central de Logos peut-il s'accorder avec l'idée éventuelle de son incarnation, d'autant que la signification de cette incarnation confère, au regard du verset 4, tout à la fois le salut, le sens de la vie et l'entrée dans le temps ?

Dans la pensée grecque, l'homme a un corps sensible et périssable, soumis au devenir, à la corruption et à la mort tandis que par le Logos, l'homme est en mesure de contempler, du moins après Héraclite, les archétypes intelligibles, son âme se détournant alors du monde sensible pour s'unir à l'« universel » dans la contemplation de l'intelligible, voire du Bien et de l'Un. Or, le christianisme, du fait de l'incarnation du verbe, le Logos, situe le salut dans le corps ou plus exactement dans la chair sensible qui éprouve, dans ce corps putrescible, mais dont la résurrection, comme celle du Christ, est affirmée.

Le Logos chrétien, parce qu'il est Dieu et qu'il s'est incarné, devient le médiateur[1] à la fois transcendant et immanent au monde tout en sachant, d'après les versets 1 et 2 qu'il n'est pas immanent au « commencement ».

Un monde créé qui n'est pas celui de l'ouverture, dans le questionnement, à la totalité, mais celui de notre vie – une vie certes donnée et illuminée par Dieu – mais dans un monde fermé, créé et fini. Une vie, je l'ai déjà dit, pour laquelle le salut, d'une façon bien différente de celle des anciens, est affaire individuelle. Cette focalisation sur l'individuel – l'incarnation et la résurrection – dans son rapport au salut favorisera l'avènement d'une nouveauté radicale au cours de la période

1. Paul, dans sa première lettre à Timothée : « En effet, il n'y a qu'un seul Dieu ; il n'y a aussi qu'un seul médiateur entre Dieu et les hommes ; un homme, le Christ Jésus, qui s'est donné lui-même en rançon pour tous » 2, 5.

médiévale : la découverte de l'intériorité. Une découverte dont Saint Augustin a fait le cœur de son œuvre avant qu'elle ne se diffuse dans toute la chrétienté.

Cette découverte, pour une part, va nourrir la genèse de la notion de personne à l'époque médiévale[1], mais aussi rendre possible l'introduction de la subjectivité cartésienne au XVIIe siècle sur laquelle je reviendrai dans le chapitre 2. Il n'en reste pas moins que la subjectivité cartésienne n'en était pas une conséquence nécessaire. D'autres points de vue, entre les XIVe et XVIe siècles auraient pu suivant des voies différentes modifier le développement de la conception de l'homme. Ainsi, par exemple, aurait pu advenir l'homme de l'unité, du lien du monde et du cosmos, celui pensé par Léonard de Vinci, par Nicolas de Cues ou même par Nicolas Copernic ; cet homme « universel », à l'image du Christ – se confondant avec lui – ce Dieu visible, ce nouvel Adam par lequel se serait renouvelée la réunification de la création. Ce « grand homme, Archétype ou homme-Dieu notre Sauveur et rédempteur Jésus-Christ… » dont parle Guy Le Fevre de la Boderie dans sa lettre dédicace placée en tête du *De vita libri tres* de Marsile Ficin[2].

Cet homme aurait sans doute pu advenir, cet homme muri pendant plus d'un millénaire, mais tel ne fut pas le cas, car l'intériorité plutôt que de se nourrir de sa propre vie intérieure dans sa présence au monde, fut happée par les développements des artifices et l'exercice corrélatif de la puissance des princes et de leurs banquiers. Pensons à Galilée, mais aussi à bien d'autres qui, d'un seul geste, se jetèrent

1. Sur ce point on peut consulter le beau livre de Jérôme Baschet, *Corps et âmes. Une histoire de la personne au Moyen Âge*, Paris, Flammarion, 2016. On y lit en particulier p. 74 : « L'Incarnation n'est donc pas seulement l'une des plus fortes justification de l'image ; elle est aussi un des modèles de fonctionnement des images conjoignant regard corporel et perception spirituelle. »

2. Marsile Ficin, *De vita libri tres*, Florence, 1489, traduit par Guy Le Fevre de la Boderie, Paris, 1582, réédition, Paris, Arthème Fayard, 2000.

sur le monde ou plutôt s'imaginèrent capables de faire un monde, de fabriquer un monde. Illusion qui entraînera l'homme, le nouvel homme – dit de la modernité, l'*Homo-energeia* – dans un délire prométhéen, un délire de possession jusqu'au nihilisme jusqu'à la destruction de toute vie et sa substitution par une chosification généralisée.

L'homme du lien, du Dieu visible et du Christ – c'est tout un – va s'effacer pour laisser la place à celui de la subjectivité, de l'intériorité inversée (voir chapitre 2). Cet homme du lien s'efface, s'efface avec ce avec quoi il était confondu, il s'efface avec l'effacement du Logos, loin de toute ouverture à la totalité, bien au contraire : fin du nouvel Adam, place au Travailleur[1].

L'effacement du Logos

Au XVIIe siècle, le Logos est absent du champ de la philosophie qui se constitue autour de la pensée de Descartes. Avant d'en venir à la pensée cartésienne qui va dominer la nouvelle structure de l'ordre de ce qui est, il convient de s'interroger sur la disparition du Logos, sur le moment de cette disparition, de cet effacement. S'il y a effacement du Logos chrétien, se posent immédiatement de nouvelles questions : Que devient le médiateur – Christ ou homme du lien ? Que devient l'incarnation du Verbe ? Un nouveau jeu ne doit-il pas s'imposer entre la transcendance et l'immanence ? Ces questions, qui vont jouer un rôle essentiel dans la nouvelle construction cartésienne, sont suggérées par Giordano Bruno comme

1. Je reprends ici le titre du livre très célèbre de Ernst Jünger, *Le Travailleur*, traduction de l'allemand et présentation par Julien Hervier, Paris, Christian Bourgois, 1989 (première édition allemande, 1932).

en témoignent tout particulièrement les pièces et les documents de son procès. Un moment brunien s'impose comme une étape, une charnière, une bifurcation essentielle dans notre cheminement, notre méditation concernant ce que j'ai dénommé l'ouverture, dans le questionnement, à la totalité.

Dans les pièces et documents de son procès, Giordano Bruno fait état de ses grandes réserves vis-à-vis de l'incarnation du Verbe et, d'une façon générale, vis-à-vis du rôle du Christ comme médiateur. On y lit, dans un passage fort éclairant, une présentation de sa conception de l'univers et l'affirmation de son infinité en nombre et en grandeur, eu égard à la puissance divine. Déjà, l'infinité de Dieu, que l'on pourrait dire « selon les mathématiques », coïncide avec le monde comme « un effet de son infinie puissance » ; une première immanence se dessine et le Logos déjà vacille.

Précisons un peu : dans les premières lignes de mon introduction j'avais pointé la centralité de la distinction de Fontenelle, affirmée dans les premières années du XVIIIe siècle, entre l'infini métaphysique et l'infini géométrique ou mathématique et ses implications. Dans les écrits de Bruno nous assistons au surgissement de divers infinis et à leur distinction. Déjà l'infinité en nombre et en grandeur, celui « selon les mathématiques » se dessine comme une première immanence par laquelle le Logos semble être nié. Ainsi un chemin s'ouvre avec Bruno pour s'épanouir, mais seulement sur le mode de l'infini mathématique, avec Fontenelle.

Revenons aux textes de Giordano Bruno dans les documents de son procès :

> « En somme, je tiens un univers infini, c'est-à-dire un effet de l'infinie puissance divine, parce que j'estimais chose indigne de la bonté et de la puissance divines que, pouvant produire, en plus de ce monde, un autre monde et d'autres [mondes] infinis, elle se contentât de produire

> un monde fini. Par conséquent, j'ai déclaré des mondes infinis particuliers, semblables à ce monde-ci de la terre. Celle-ci, avec Pythagore, je la regarde comme un astre ; à la terre est semblable la Lune, les autres planètes et les autres étoiles, qui sont en nombre infini. Et tous ces corps sont des mondes et [sont] sans nombre, et ils constituent alors l'infinité de l'univers dans un espace infini ; et cela est appelé univers infini dans lequel il y a des mondes innombrables. De sorte qu'il y a une double sorte d'infinité : [infinité] de grandeur de l'univers et [infinité] de multitude des mondes ; par suite on comprend que, indirectement, la vérité selon la foi est repoussée[1]. »

Que cela signifie-t-il ? Qu'en est-il de Dieu ?

> « De plus, dans cet univers, je place une providence universelle, en vertu de laquelle toute chose vit, se développe, se meut et demeure dans sa perfection ; et j'entends [cette providence] en deux façons : l'une, à la façon dont l'âme est présente au corps, tout entière dans le corps tout entier, et tout entière dans n'importe quelle partie [du corps], et je l'appelle nature, ombre et trace de la divinité ; l'autre, selon le modèle ineffable selon lequel Dieu, par essence, présence et puissance, est en tout et au-dessus de tout, non pas comme partie, non pas comme âme, mais d'une manière inexplicable[2]. »

L'infinité ne se réduit pas à celle suivant le nombre et la grandeur dont il a été question précédemment. L'infinité est double, voire triple, puisqu'elle n'est pas seulement de nombre et de grandeur, mais aussi d'une part « nature », c'est-à-dire « ombre et trace de la divinité » comme une sorte d'« âme du monde » et, d'autre part, « présence et puissance », « d'une manière inexplicable ». Je dénommerai maintenant ces deux « infinités », « les infinités selon la présence ». Une présence comme trace (la nature ou l'âme du monde) mais aussi comme « puissance divine ». L'idée de « nature » qui se dessine dans ce texte est bien différente de celle que nous dénommons aujourd'hui « nature », car il y subsiste encore un mystère

1. Giordano Bruno, *Documents I. Le procès*, introduction et texte de L. Firpo, traduction et notes de A.-Ph. Segonds, Paris, Les Belles lettres, 2000, p. 64-66.
2. *Ibid.*, p. 66.

au sens chrétien du terme, un terme qu'il convient de ne pas confondre avec celui technique de problème que nous rencontrerons bientôt.

Ces thèses de Bruno étaient déjà présentes sous une forme parfois moins explicite dans *De infinito universo e mundi*, publié à Londres en 1584. Ce texte s'organise sous la forme d'un dialogue entre plusieurs personnages dont celui de Filoteo par la voix duquel s'exprime Bruno. Il y opère là aussi une distinction fondamentale, éclairant d'une certaine manière le texte du procès que j'ai cité précédemment, entre l'infinité divine et l'infinité cosmique. On doit prendre en compte la « différence entre l'infinité de l'un et l'infinité de l'autre ». Dieu « est tout infini, complicativement et totalement, alors que c'est explicativement et non totalement que l'univers est tout entier en tout »[1]. La différence entre les deux infinités, caractérisée par l'usage du couple « complicativement / explicativement » (ou enveloppement / développement) est soulignée par Filoteo / Bruno :

> « Je dis que l'Univers est "tout infini" parce qu'il n'a ni limite, ni terminaison, ni surface ; je dis que l'Univers n'est pas "totalement infini" parce que chacune de ses parties, telle que nous pouvons la considérer, est finie, et que chacun des mondes innombrables qu'il contient est fini. Je dis que Dieu est "tout infini", parce qu'il exclut de lui tout terme, et que chacun de ses attributs est un et infini ; et je dis que Dieu est totalement infini parce qu'il est tout entier dans le monde entier, et en chacune des parties du monde infiniment et totalement ; au contraire de l'infinité de l'univers, qui est totalement en tout, et non en ces parties que nous pouvons comprendre en lui (si toutefois, rapportées à l'infini, elles peuvent être appelées parties)[2]. »

1. Giordano Bruno, *De infinito universo e mundi*, Londres, 1584 ; *De l'infini, de l'univers et des mondes*, texte établi par G. Aquilecchia et traduit par J.-P. Cavaillé, introduction par M. A. Granada et notes de J. Seidengart, in *Œuvres complètes*, IV, Paris, Les Belles Lettres, 1995, p. 86.
2. *Ibid.*, p. 86.

L'Univers est « tout infini parce qu'il n'a ni limite, ni terminaison, ni surface ». Il est donc bien considéré comme un espace illimité, un infini extensif, en grandeur et en nombre, mais n'est pas « totalement infini parce que chacune de ses parties, telle que nous pouvons la considérer, est finie, et que chacun des mondes innombrables qu'il contient est fini. Je dis que Dieu est "tout infini", parce qu'il exclut de lui tout terme, et que chacun de ses attributs est un et infini ; et je dis que Dieu est totalement infini parce qu'il est tout entier dans le monde entier, et en chacune des parties du monde infiniment et totalement ». Il convient donc de distinguer, selon mes dénominations, l'infinité selon les mathématiques (nombre et grandeur) et les infinités selon la présence (qui sont, nous l'avons déjà dit, sous un mode double).

La différence entre Dieu et l'Univers du point de vue de leur infinité réside donc dans le fait que chaque être fini est bien une totalité partielle limitée à son existence présente, tandis que l'infinité divine est tout entière présente dans chacun des êtres que contient l'univers, c'est-à-dire tout entière partout et en tout temps. Ainsi l'Univers ne peut être dit « totalement infini », puisqu'il contient une infinité de mondes et d'êtres finis, alors que l'infinité divine ne peut être dite telle dans le sens ci-dessus, parce qu'elle exclut par soi toute limite, tant dans sa nature totale que dans chacun de ses attributs.

Ainsi, Dieu, étant « tout entier dans le monde entier, et en chacune des parties du monde infiniment et totalement », est immanent au sein de l'univers infini et par cela le façonne, si l'on peut dire, de l'intérieur. Les êtres et les choses ne sont pas abandonnés à eux-mêmes dans une infinité immanente selon la grandeur et le nombre, l'infinité selon les mathématiques, mais existent dans une infinité immanente que l'on doit distinguer de la précédente, les infinités selon la présence – le mystère. Déjà ici se développe une sorte de jeu entre immanence et transcendance où, peut-être, se dissimule l'ombre d'Héraclite.

L'infinité en sa dualité, voire triplicité, apparaît comme une auto-expression de Dieu, son « simulacre »[1], « le simulacre de son essence et le vestige de sa puissance »[2]. Il s'ensuit aussi, puisque l'infini brunien peut être comme « totalement Dieu », que tout ce qui concerne les productions de Dieu s'y résout ou s'y épuise comme l'exprime l'interrogation suivante : « Comment veux-tu que Dieu, quant à la puissance, à l'opération et à l'effet (qui sont en lui la même chose) [...] ? »[3]. En un mot, il n'y a plus de distinction entre ce qui est engendré et ce qui est créé. En Dieu, pour Bruno, tout est acte. Rien de possible qui ne soit déjà passé à l'existence, comme cela apparaît clairement dans un texte que nous avons déjà cité plus haut (note 2, p. 43) :

> « De plus, dans cet univers, je place une providence universelle, en vertu de laquelle toute chose vit, se développe, se meut et demeure dans sa perfection ; et j'entends [cette providence] en deux façons : l'un, à la façon dont l'âme est présente au corps, tout entière dans le corps tout entier, et tout entière dans n'importe quelle partie [du corps], et je l'appelle nature, ombre et trace de la divinité ; l'autre, selon le modèle ineffable selon lequel Dieu, par essence, présence et puissance, est en tout et au-dessus de tout, non pas comme partie, non pas comme âme, mais d'une manière inexplicable. »

De même, d'une façon très explicite, Bruno affirme dans le *De immenso et innumeralibus*, publié à Francfort en 1591 :

1. *Ibid.*, p. 76.
2. Giordano Bruno, *De immenso et innumerabilibus*, in *Opera latina conscrita*, 3 tomes en 8 volumes, Naples-Florence, 1879-1891, Livre I, chap. XI, traduction de Jean Seidengart, in *Dieu, l'Univers et la sphère infinie : penser l'infini cosmique à l'aube de la science classique*, Paris, Albin Michel, 2006, p. 184.
3. Giordano Bruno, *op. cit.*, p. 84.

« Dieu est infini dans l'infini ; partout en toutes choses, ni au-dessus ni à l'extérieur, mais ce qu'il y a de plus intime (*praesentissimum*) à toutes choses[1]. »

Le double, voire triple, jeu immanentiste des infinis bruniens, bien loin de l'infini et du vide des atomistes, le conduit, comme nécessairement, à s'interroger sur l'incarnation du Verbe et sur le rôle de médiateur du Christ. Si l'infini divin est triplement immanent suivant ses trois principales modalités de l'infinité selon les mathématiques et des infinités selon la présence, que devient le Logos, l'unification des natures terrestres et célestes dans et par le Christ, que devient la médiation ? Elle est inutile !

« Quant à ce qui appartient à la foi, en n'en parlant pas sur le mode philosophique, pour en venir à l'individualité des personnes divines, cette Sagesse et ce fils de l'esprit, appelé par les philosophes intellect, et par les théologiens, Verbe, dont il faut croire qu'il a pris chair humaine, moi, comme je demeurais dans les limites de la philosophie, je n'ai pas compris [l'incarnation], mais je l'ai mise en doute et tenue avec une foi inconstante ; je ne me rappelle pas en avoir donné signe ni par écrit, ni en paroles, sauf que, comme dans le cas des autres choses, quelqu'un pouvait bien déduire indirectement, sur la base de ma façon de penser et de ma profession [de philosophe], que mes doutes concernaient ce qui ne peut être prouvé par la raison et conclu par la lumière naturelle[2]. »

Un peu plus loin, toujours dans les pièces du procès :

« J'ai seulement douté comment cette seconde personne peut s'être incarnée, comme je l'ai déjà dit plus haut, et peut avoir souffert, mais je n'ai jamais pourtant nié ni enseigné cela[3]. »

De même, encore :

« Je n'ai pas écrit et je ne sache pas avoir jamais discuté sur l'incarnation de la deuxième personne ; mais en ce qui concerne ma croyance, j'ai

1. Giordano Bruno, *De immenso et innumerabilibus*, *op. cit.*, Livre VIII, chap. X, traduction de Jean Seidengart, p. 244.
2. Giordano Bruno, *Documents I. Le Procès*, *op.cit.*, p. 68-70.
3. *Ibid.*, p. 72-74.

> effectivement douté en mon for intérieur, comme je l'ai déjà dit dans mon précédent constitut, comment le Verbe pouvait s'être incarné[1]. »

Dans le cadre immanentiste brunien, l'incarnation, pensée comme médiation, est inutile, contrairement, par exemple, à ce qu'affirme Nicolas de Cues pour lequel la médiation entre l'infini transcendantal de Dieu et l'univers infini revient au Christ dans l'unification des natures qu'elles soient terrestres et célestes ou sensibles et intelligibles. Quelques textes de Nicolas de Cues aident à mieux comprendre la nouvelle et radicale position de Bruno par laquelle s'efface le Logos. Nicolas de Cues écrit, dans *Le Tableau ou la vision de Dieu*, dans le paragraphe XIX intitulé « Jésus est l'union de Dieu et de l'homme » :

> « Je vois comment, Dieu aimant, tu engendres le Dieu aimable et que toi, Dieu aimable engendré, tu es le médiateur absolu[2]. »

Puis, un peu plus loin, où le rôle du Logos est central :

> « Comment le fils est la médiation de tout parce qu'il en est la raison. La raison et la sagesse étant la médiation de tout, toi Dieu le père tu fais tout[3]. »

Dans le paragraphe XX intitulé « Comprendre Jésus comme la conjonction de la nature divine et de la nature humaine », on lit :

> « C'est donc en toi Jésus que l'intelligence humaine est unie à l'intelligence divine elle-même comme l'image la plus parfaite est unie au modèle de la vérité[4]. »

1. *Ibid.*, p. 78.
2. Nicolas de Cues, *De visione Dei sive de icona* (1453). *Le tableau ou la vision de Dieu*, traduction, préface, notes et glossaire d'Agnès Minazzoli, Paris, Les Belles lettres, 2012, p. 86-87.
3. *Ibid.*, p. 88.
4. *Ibid.*, p. 94.

L'union dans le Christ médiateur, affirmée avec force par Nicolas de Cues dans ce texte, l'est tout autant dans son autre écrit *La Chasse de la sagesse* :

> « [...] en lui [l'homme Jésus-Christ], l'humanité non seulement est le moyen de l'union des natures inférieures et supérieures, des natures temporelles et perpétuelles, mais aussi de Dieu créateur et de l'éternelle immortalité – dans la mesure où nous nous serons comportés conformément à notre Médiateur, ce qui advient avec la foi et l'amour [1]. »

que dans la célèbre *Docte ignorance* :

> « Et ainsi en Jésus qui est l'égalité d'être existent le Père éternel et le Saint-Esprit, comme dans la [Trinité] divine ils existent dans le Fils qui est la personne intermédiaire et toutes choses existent comme dans le Verbe et toute créature dans la suprême et très parfaite humanité qu'enveloppe universellement tout ce qui est susceptible d'être créé, si bien que la plénitude tout entière habite en lui[2]. »

Un peu plus loin, dans une sorte d'accomplissement christologique :

> « Béni soit Dieu qui, par son Fils, nous a rachetés des ténèbres d'une si grande ignorance, afin que nous sachions combien fausses et trompeuses sont toutes les choses qui sont accomplies, de quelque façon qu'il soit, par un autre médiateur que le Christ qui est la Vérité, et selon une autre foi que Jésus[3]. »

Au regard de ces quelques textes, il apparaît clairement que le Dieu de Bruno s'est bien éloigné du Dieu de la tradition biblique ayant envoyé son fils, l'unificateur, le médiateur, dans notre monde fini, unique, sphérique et créé *ex nihilo*. Avec l'effacement du Logos, de l'incarnation du Christ, une nouvelle idée de nature, différente à la fois de celle des anciens

1. Nicolas de Cues, *De venatione sapientae* (1462). *La Chasse de la sagesse*, texte latin, introduction, traduction et notes de Hervé Pasqua, Paris, PUF, 2015, p. 155.
2. Nicolas de Cues, *La Docte ignorance* (1440), traduction, présentation, notes, chronologie et bibliographie par Pierre Caye, David Larre, Pierre Magnard et Frédéric Vengeon, Paris, GF-Flammarion, 2013, p. 179.
3. *Ibid.*, p. 204.

comme de celle du monde chrétien, peut se dessiner dans l'immanence de l'unité des natures séparées.

L'incarnation et la résurrection, après avoir rendu possible et pensable dans et par le Christ l'unification des natures séparées, s'effacent dans la triple immanence de l'infinité selon les mathématiques et des infinités selon la présence. La « nature » chrétienne, structurée par un ordre théologico-cosmique centré sur le Christ dans l'horizon du salut et l'unification des natures, laisse la place à une triple immanence ainsi qu'à un Dieu « moins chrétien ». Une triple immanence sans Christ mais, précisément parce qu'il y a immanence sans procès d'unification, la nature devient, par la seule immanence selon l'infinité mathématique le nouvel espace infini de l'homme – et non plus l'espace clos du Logos johannique – ; et Bruno, tel le nouvel homme, le nouvel Adam sans Christ, s'élève dans les cieux abandonnés par le Christ et les hiérarchies célestes :

> « Sorti d'une prison étroite et noire, où tant d'années l'erreur me tint serré […]. Aussi déployé-je dans l'air mes ailes confiantes, sans craindre de heurter cristal ni verre ; je fends les cieux, et dans l'infini je m'élance. Et tandis que de mon globe je fonds sur les autres, et plus avant pénètre dans le champ éthéré, ce que les autres voient de loin, je le laisse derrière[1]. »

Galilée quelques années plus tard, en 1610, dans son *Sidereus Nuncius* sera le porteur du message des étoiles[2]. Les cieux sont devenus vides du médiateur – le Christ s'est effacé tout comme le Logos. Une nouvelle idée de nature se dessine avec Bruno, une nature baignée d'infini, au sens du nombre et de la grandeur, et traversée suivant ce dernier par le vitalisme et l'âme du monde (un des modes des infinités selon la présence). Cette idée de nature va devenir bien vite autre en

1. Giordano Bruno, *op. cit.*, épître liminaire des dialogues, p. 52-54.
2. Galilée, *Sidereus nuncius*, Venise, 1610.

se concentrant sur l'infinité selon les mathématiques (selon le nombre et la grandeur) : une « nature pour les mathématiques » et pour son explicitation mathématique (je reviens dans le chapitre 2 sur le sens de cette expression) à travers la *res extensa* cartésienne, l'étendue indéfinie.

L'effacement du Logos ou du Christ, de la médiation du Christ rend, comme le suggère Blaise Pascal, la connaissance de Dieu plus incertaine. Cet effacement impose de reconstruire un chemin vers Dieu. Ce nouveau chemin, qui aurait pu être différent, sera celui tracé par René Descartes. Il en naîtra une nouvelle et illusoire nécessité dans l'ordre de la pensée, quoique bien différente de celle posée par le Logos johannique. L'ouverture, dans le questionnement, à la totalité n'est pas à l'ordre du jour et le nouvel Adam est mort.

Chapitre 2 : l'Ego

> « Sur les meubles vacants, le Rêve a agonisé en cette fiole de verre, pureté, qui renferme la substance du néant[1]. »
>
> Stéphane Mallarmé

DANS LE DERNIER PARAGRAPHE du chapitre précédent, nous avons montré, à partir du travail de Giordano Bruno, comment le Logos johannique, celui de la construction chrétienne, s'est effacé au profit d'un jeu de l'immanence et de la transcendance, privilégiant l'immanence de l'infini en nombre et en grandeur. Dieu, dans ce jeu, en vient quasiment à se confondre avec le monde ; le risque du panthéisme se dessine, un risque inacceptable pour la pensée chrétienne (d'où, pour une part, la condamnation au bûcher de Giordano Bruno). Comment échapper au panthéisme et à l'idée de l'âme du monde que déteste tant le Père Marin Mersenne dénommé le secrétaire de l'Europe savante dans la première moitié du XVIIe siècle[2], tout en maintenant l'infini en nombre et en

1. Stéphane Mallarmé, *Igitur ou la folie d'Elbehnon,* Lausanne, Henri Kaeser, 1951, p. 31.
2. On peut consulter sur ce point les travaux de Robert Lenoble, *Mersenne et la naissance du mécanisme*, Paris, Vrin, 1943 et *Histoire de l'idée de nature*, Paris, Éditions Albin Michel, Coll. « L'évolution de l'humanité », 1969.

grandeur ? Un infini qui s'impose comme un bon candidat pour devenir l'espace même de la construction d'une science mathématico-mécanique, c'est-à-dire d'une science s'inscrivant de plein droit dans l'ordre de Dieu et dans l'ordre déductif très prisé par le monde des ingénieurs au tournant des XVIe et XVIIe siècles[1] ?

Les travaux de Galilée tout comme ceux portant sur les mécaniques des autres ingénieurs contemporains[2] ouvrent la voie à la mise en place d'un développement mathématico-mécanique soumis à l'ordre déductif ; mais ce n'est pas là l'essentiel, puisque ces travaux, en dépit des approfondissements dont ils sont l'objet, s'inscrivent de plein droit dans l'ancien champ des arts, des mécaniques et des artifices. D'où viendra alors la nouveauté radicale qui nous occupe dans ce chapitre ? De la pensée cartésienne : elle va donner un fondement décisif, ce que Descartes reproche à Galilée de ne pas bâtir. Un fondement à la fois ontologique et épistémologique, une stabilité, pour la nouvelle compréhension de ce qui est. Descartes, dans sa lettre au Père Marin Mersenne en date du 11 octobre 1638, ne ménage pas ses critiques à l'égard de Galilée qui, quoiqu'« il examine les matières physiques par des sciences mathématiques », le fait sans s'être assuré des indispensables « fondements » :

> « Mais il me semble qu'il [Galilée] manque beaucoup en ce qu'il fait continuellement des digressions et ne s'arrête point à expliquer tout à fait une matière ; ce qui montre qu'il ne les a point examinées par ordre, et que, sans avoir considéré les premières causes de la nature, il

1. Ainsi, comme l'écrit, en commentant la « Révolution mécaniste du XVIIe siècle », Robert Lenoble dans son *Histoire de l'idée de nature*, *op. cit.*, p. 322. : « Enfin, pour tout dire, c'est faire acte de vertu que de connaître par la science l'ordre exact des phénomènes, parce que par cette connaissance nous imitons l'Ingénieur divin, qui lui-même a pris plaisir à agencer cette machine. »
2. Voir sur ce point, Hélène Vérin, *La Gloire des ingénieurs : l'intelligence technique du XVIe au XVIIe siècle,* Paris, Albin Michel, 1993.

a seulement cherché les raisons de quelques effets particuliers, et ainsi qu'il a bâti sans fondement[1]. »

Le nouvel espace mathématico-mécanique sera sauvé du simple jeu galiléen de la résolution mathématique des problèmes, résolution renouvelée par Descartes via sa nouvelle conception mécanisée de la nature, mais au prix d'une distinction entre l'infini et l'indéfini, de sorte que la transcendance de Dieu est remise à sa place et devient comme un fondement. Cependant, le prix à payer pour cela est élevé, puisqu'il implique l'abandon de l'ouverture, dans le questionnement, à la totalité, au profit de l'accomplissement du règne de l'ego du cogito, mais aussi celui, peut-être plus immédiatement prégnant, de la chair vivante pensante et sensible dont saura se souvenir bien plus tard Maurice Merleau-Ponty[2].

Deux moments dans mon analyse pour poursuivre ma réflexion : le premier s'attache à la construction de l'idée d'infini ou du moins à sa spécificité comme idée ; le deuxième vise à expliciter et à comprendre en quoi la position cartésienne est radicalement nouvelle : elle inaugure ce que j'appelle le règne de la subjectivité objectivante.

L'idée d'infini

René Descartes dans son entreprise de reconstruction et de fondation de la connaissance se trouve confronté, après les travaux de Giordano Bruno et la prise en compte des

1. René Descartes, *Correspondances*, dans Descartes, *Œuvres*, éditées par Ch. Adam et P. Tannery, 12 vol. et un Supplément, 1896-1913 (rééd. Paris, Vrin-CNRS, 1964-1974), vol. II, p. 380.
2. Maurice Merleau-Ponty, *Phénoménologie de la perception*, Paris, Gallimard, « Bibliothèque des idées », 1945. Voir également le très étonnant livre de Catherine Pozzi, *Peau d'âme*, Paris, Éditions R.A. Corréa, 1935.

développements du champ des arts mécaniques par les ingénieurs, à la difficile question de l'infini dans sa relation avec Dieu. Comment penser un infini à la fois transcendant (Dieu) et support du mathématico-mécanique ?

Sans entrer dans le détail de la pensée cartésienne au cœur de sa dynamique interne, il convient cependant de rappeler quelques aspects des positions cartésiennes en rapport avec notre objet et notre réflexion générale. Dans les *Meditationes de prima philosophia*, ouvrage publié pour la première fois à Paris en 1641 et, principalement dans les méditations deuxième et troisième, Descartes établit que la réalité formelle des idées elles-mêmes se confond avec leur réalité matérielle ou psychologique. Cependant, « mes idées », bien que n'ayant d'autre substance que la mienne, ne sont pas seulement des modes de mon moi car elles représentent aussi des objets :

> « Ainsi il ne reste plus que les seuls jugements dans lesquels je dois prendre garde soigneusement de ne me point tromper. Or la principale erreur et la plus ordinaire qui s'y puisse rencontrer, consiste en ce que je juge que les idées qui sont en moi, sont semblables, ou conformes à des choses qui sont hors de moi ; car certainement, si je considérais seulement les idées comme de certains modes ou façons de ma pensée, sans le vouloir rapporter à quelqu'autre chose d'extérieur, à peine me pourraient-elles donner occasion de faillir[1]. »

Et, un peu plus loin :

> « […] toute idée étant un ouvrage de l'esprit, sa nature est telle qu'elle ne demande de soi aucune autre réalité formelle que celle qu'elle reçoit et emprunte de la pensée ou de l'esprit, dont elle est seulement un mode, c'est-à-dire une façon de penser. Or, afin qu'une idée contienne une telle réalité objective plutôt qu'une autre, elle doit sans doute

1. René Descartes, *Les Méditations métaphysiques*, dans Descartes, *Œuvres*, éditées par Ch. Adam et P. Tannery, 12 vol. et un Supplément, 1896-1913 (rééd. Paris, Vrin-CNRS, 1964-1974), vol. IX, p. 29 pour la traduction française (Première édition, Paris, 1647). On trouve l'édition latine dans le vol. VIII (Première édition latine, 1641). Voir également Michel Blay, *Dieu, la nature et l'homme. L'originalité de l'Occident*, Paris, Armand Colin, 2013, partie 2 « Penser à partir de l'infini et penser avec l'infini ».

avoir cela de quelque cause, dans laquelle il se rencontre pour le moins autant de réalité formelle que cette idée contient de réalité objective[1]. »

Cependant, parmi l'ensemble des idées (mathématiques, morales, etc.), il en est une qui est telle que son *ideatum* la dépasse, à savoir l'idée d'infini. Ou, pour le dire autrement, le moi qui possède une réalité formelle finie ne peut pas être la cause d'une idée ayant une réalité objective infinie, c'est-à-dire le dépassant :

« Partant il ne reste que la seule idée de Dieu, dans laquelle il faut considérer s'il y a quelque chose qui n'ait pu venir de moi-même. Par le nom de Dieu j'entends une substance infinie, éternelle, immuable, indépendante, toute connaissante, toute puissante, et par laquelle moi-même, et toutes les autres choses qui sont (s'il est vrai qu'il y en ait qui existent) ont été créées et produites. Or, ces avantages sont si grands et si éminents, que plus attentivement je les considère, et moins je me persuade que l'idée que j'en ai puisse tirer son origine de moi seul[2]. »

Dieu apparaît donc comme la cause de son idée, de l'idée en moi d'infini :

« Et par conséquent il faut nécessairement conclure de tout ce que j'ai dit auparavant, que Dieu existe ; car, encore que l'idée de la substance soit en moi, de cela même que je suis une substance, je n'aurais pas nécessairement l'idée d'une substance infinie, moi qui suis un être fini, si elle n'avait été mise en moi par quelque substance qui fût véritablement infinie[3]. »

L'argumentation cartésienne établit donc l'existence séparée de l'infini en s'appuyant sur le moi qui se connaît comme fini :

« Et ceci ne laisse pas d'être vrai, encore que je ne comprenne pas l'infini, ou même qu'il se rencontre en Dieu une infinité de choses que je ne puis comprendre, ni peut-être aussi atteindre aucunement par la pensée : car il est de la nature de l'infini, que ma nature, qui est finie, et bornée, ne le puisse comprendre ; et il suffit que je conçoive bien cela, et que je juge que toutes les choses que je conçois clairement, et

1. *Ibid.*, vol. IX, p. 32-33.
2. *Ibid.*, p. 35-36.
3. *Ibid.*, p. 36.

dans lesquelles je sais qu'il y a quelque perfection, et peut-être aussi une infinité d'autres que j'ignore, sont en Dieu formellement ou éminemment, afin que l'idée que j'en ai soit la plus vraie, la plus claire et la plus distincte de toutes celles qui sont en mon esprit[1]. »

De même, dans les *Principia philosophiae*, publié pour la première fois à Amsterdam en 1644 :

> « De même, pour ce que nous trouvons en nous l'idée d'un Dieu ou d'un Être tout parfait, nous pouvons rechercher la chose qui fait que cette idée est en nous ; mais après avoir considéré avec attention combien sont immenses les perfections qu'elle nous représente, nous sommes contraints d'ajouter que nous ne saurions la tenir que d'un Être très parfait, c'est-à-dire d'un Dieu qui est véritablement ou qui existe [...] comme nous savons que nous sommes sujets à beaucoup de défauts, et que nous ne possédons pas ces extrêmes perfections dont nous avons l'idée, nous devons conclure qu'elles sont en quelque nature qui est différente de la nôtre et en effet très parfaite, c'est-à-dire qui est Dieu ; ou du moins qu'elles ont été autrefois en cette chose ; et il suit de ce qu'elles étaient infinies, qu'elles y sont encore[2]. »

Parce qu'il se connaît comme fini, le moi ne peut comprendre l'infini, même s'il en a l'idée. Il ne faut donc « point tâcher de comprendre l'infini, mais seulement penser que tout ce en quoi nous ne trouvons aucune borne est indéfini »[3].

De telle sorte que, comme le précise encore Descartes dans les *Principia philosophiae* :

> « Et nous appellerons ces choses indéfinies plutôt qu'infinies, afin de réserver à Dieu seul le nom d'infini ; tant à cause que nous ne remarquons point de bornes en ses perfections, comme aussi à cause que nous sommes très assurés qu'il n'y en peut avoir. Pour ce qui est des autres choses, nous savons qu'elles ne sont pas ainsi absolument

1. *Ibid.*, p. 37. Sur ce point on peut consulter Ferdinand Alquié, *La Découverte métaphysique de l'homme chez Descartes,* Paris, PUF, 1950, principalement la troisième partie ; mais aussi Emmanuel Levinas, *Totalité et infini : essai sur l'extériorité,* La Haye, M. Nijhoff, 1961.
2. René Descartes, *Les Principes de la philosophie,* dans, *Œuvres*, *op. cit.*, vol. IX, p. 33 de la première partie pour la traduction française (Première édition, Paris, 1647). On trouve l'édition latine dans le vol. VIII (Première édition, Amsterdam, 1644).
3. *Ibid.*, vol. IX, p. 36 dans la première partie des *Principes.*

parfaites, pour ce que, encore que nous y remarquions quelquefois des propriétés qui nous semblent n'avoir point de limites, nous ne laissons pas de connaître que cela procède du défaut de notre entendement, et non point de leur nature[1]. »

L'infini apparaît comme le propre d'un être transcendant surplombant l'indéfini qui est le monde :

> « Nous saurons ainsi que ce monde, ou la matière étendue qui compose l'univers, n'a point de bornes, pour ce que quelque part où nous veuillons feindre, nous pourrons encore imaginer au-delà des espaces indéfiniment étendus, que nous n'imaginons pas seulement, mais que nous concevons être tels en effet que nous les imaginons car… l'idée de l'étendue que nous concevons en quelque espace que ce soit, est la vraie idée que nous devons avoir des corps[2]. »

Par cette démarche, par cette construction de l'idée d'infini en nous de telle sorte que Dieu apparaît comme la cause de son idée, Descartes renoue avec la transcendance, *a contrario* du jeu de l'immanence et de la transcendance de Bruno. Cette transcendance cartésienne de l'infini, à la fois séparée du moi et *via* l'idée d'infini pensée par le moi, ouvre sur l'indéfini du monde. De telle sorte que l'on peut dire que cet indéfini du monde est pensé à partir de l'infini, compris comme un fondement englobant. Que peut-on conclure de cela ou, plus précisément, que peut-on dire ou penser de cet infini englobant ? Qu'englobe-t-il cet infini englobant ?

En introduisant son idée d'infini Descartes est parvenu à Dieu, à « prouver » l'existence de Dieu, un « Dieu qui est véritablement ou qui existe » de telle sorte qu'il peut affirmer que l'on doit « réserver à Dieu seul le nom d'infini »[3]. Quels sont le sens et la portée de cet infini ? Cet infini qui est le nom de Dieu ?

1. *Ibid.*, vol. IX, p. 37.
2. *Ibid.*, vol. IX, p. 74 dans la seconde partie des *Principes*.
3. Voir note 1, p. 59.

La réponse est simple, l'infini cartésien est le Dieu créateur du christianisme qui fait que les êtres soient et soient ce qu'ils sont et pourquoi ils le sont et, non pas, simplement qu'ils soient ; que ce qui est, est : pourquoi y aurait-il un pourquoi, plutôt qu'une énigme de la totalité, de ce qui est et demeure – une ouverture ? Poser la question « Pourquoi y a-t-il quelque chose et pour quelle raison ? » est-elle une question légitime ou n'implique-t-elle pas dans la réponse qui peut y être donnée un quelconque être absolu subsistant et reposant en lui-même dont le philosophe (ou chacun) est en droit de douter et d'être par là même fondé à suivre la pente du nihilisme ? Le christianisme dans son avènement historique et culturel répond précisément à un pourquoi par le Verbe incarné : on pourrait dire qu'en accueillant pour une large part l'ouverture à la totalité de la philosophie grecque, le christianisme en ferme brutalement l'ouverture tout en y dessinant la possibilité du nihilisme avec l'effacement possible du Logos et de Dieu.

L'infini cartésien, pour revenir à lui, est un infini transcendant qui exclut que soit pensée l'ouverture à la totalité. Cet infini, en effet, en impliquant l'indéfini, réduit notre espace de vie, non à celui de l'accueil de la totalité, mais à celui qui coïncide avec « l'idée d'étendue que nous concevons en quelque espace que ce soit », une idée d'étendue qui « est la vraie idée que nous devons avoir des corps »[1]. Les corps deviennent ce dont nous avons l'idée ; ils se réduisent, dans ce qu'ils sont, à l'idée d'étendue et à son explicitation mathématique ou géométrique pour Descartes, à ce que je vais dénommer dans le paragraphe suivant l'ordre de la subjectivité objectivante.

1. Voir note 2, p. 59.

La subjectivité objectivante

Dans les pages précédentes, nous avons vu comment l'infini cartésien en tant qu'« il est le nom de Dieu » ne peut en aucun cas, bien au contraire, ouvrir sur une pensée de l'ouverture, dans le questionnement, à la totalité. Nous avons également noté comment l'idée d'indéfini, corrélative à celle de l'infini-Dieu, se noue avec celle d'étendue qui coïncide avec celle des corps, des corps géométrico-mécaniques.

De quel monde et de quels corps parlons-nous ici ? Qu'en est-il du monde tel que nous le concevons depuis le début du XVIIe siècle après la refondation cartésienne ? Comment comprendre, dans son sens le plus profond, ce que j'ai déjà dénommé dans mes livres précédents la transformation de l'idée de nature et l'explicitation mathématique ?

Afin de répondre le plus précisément à ces questions, qui ressemblent un peu à des poupées russes, je rappellerai brièvement quelques éléments clés. Je considère que l'idée de nature, celle que nous avons là où nous sommes et existons, est toujours première, conditionnante et située historiquement : ce ne sont pas les lois, les règles, les observations ou les expériences, etc. qui expliquent une nature jugée comme éternelle et identique à elle-même, c'est l'idée de nature que nous formons qui rend possible l'expression desdites lois, règles, etc. Il ne faut pas confondre l'idée que nous nous faisons de ce qui est avec ce qui est, pas plus qu'il ne faut confondre nos idées de ce qui est avec l'ouverture à ce qui est, et à celle de la totalité ; un « ce qui est » qui nous semble, au regard de notre temporalité, être, être parce qu'il nous apparaît permanent, alors qu'au regard du devenir surgit son essentielle caducité.

Ce sont les raisons pour lesquelles il m'a semblé nécessaire d'introduire, pour la période moderne, à partir du XVIIe siècle, en lieu et place du concept classique de mathématisation, celui d'explicitation mathématique. L'enjeu de la mathématisation doit en effet être compris autrement, disons à l'inverse : non pas comme la mise en ordre mathématique d'une nature toujours identique à elle-même dans un temps réduit à nous au regard du devenir, mais comme l'explicitation des lois et des règles de fonctionnement d'une nouvelle idée de nature, c'est-à-dire comme l'explicitation d'une certaine signification imaginaire associée à une idée de nature qui acquiert son sens, avec l'approximation du temps réduit de la permanence des corps, dans l'élaboration mathématique rationnelle et déductive[1].

Cette nouvelle idée de nature est précisément celle que développe Galilée dans un effort de conceptualisation visant à circonscrire questions et problèmes afin d'y trouver des solutions souvent utiles et pratiques. La nature se dévoile pour Galilée, loin de l'objectivité ou de la réalité des qualités sensibles, mécanico-géométrique. Il affirme dans *Il Saggiatore* :

> « Je dis que je me sens nécessairement amené, sitôt que je conçois une matière ou substance corporelle, à la concevoir tout à la fois comme limitée et douée de telle ou telle figure, grande ou petite par rapport à d'autres, occupant tel ou tel lieu à tel moment, en mouvement ou immobile, en contact ou non avec un autre corps, simple ou composée et, par aucun effort d'imagination, je ne puis la séparer de ces conditions ; mais qu'elle doive être blanche ou rouge, amère ou douce, sonore ou sourde, d'odeur agréable ou désagréable, je ne vois rien qui contraigne mon esprit à l'appréhender nécessairement accompagnée de ces conditions ; et, peut-être, n'était le secours des sens, le raisonnement

1. Sur ces questions nous nous permettons de renvoyer le lecteur à nos ouvrages et principalement, *Dieu, la nature et l'homme. L'originalité de l'Occident,* Paris, Armand Colin, 2013 et *Critique de l'histoire des sciences*, Paris, CNRS édition, 2017.

ni l'imagination ne les découvriraient jamais. Je pense donc que ces saveurs, odeurs, couleurs, etc. eu égard au sujet dans lequel elles nous paraissent résider, ne sont que de purs noms et n'ont leur siège que dans le corps sensitif, de sorte qu'une fois le vivant supprimé, toutes ces qualités sont détruites et annihilées ; mais comme nous leur avons donné des noms particuliers et différents de ceux des qualités réelles et premières, nous voudrions croire qu'elles en sont vraiment et réellement distinctes[1]. »

Les mots mêmes de ce texte seront repris tant par Descartes dans *Les Principes de la philosophie* [2] que par John Locke dans son *Essai philosophique concernant l'entendement humain* [3]. Derrière ce rejet de la réalité des qualités sensibles, comme en témoignent déjà les premières lignes de la citation précédente, se dessine, comme nous le suggérions plus haut, la nouvelle nature mécanico-géométrique : il est remarquable, à ce propos, pour ne prendre qu'un exemple, de lire la lettre de Galilée adressée de Rome le 21 mai 1611 à Piero Dini :

> « Pour ma part, je ne doute pas de pouvoir énumérer, dans l'ensemble de la nature, autant de choses très petites et très efficaces par leur vertu qu'on pourrait indiquer parmi les grandes ; et de même que les arts mécaniques ont autant besoin, pour la variété de leurs opérations, d'utiliser de très petits éléments que des grands, de même la nature a-t-elle besoin dans ses divers effets, pour bien en assurer la production, d'instruments eux aussi très divers ; et telles opérations s'effectuent avec des machines très petites, qui ne pourraient l'être aussi bien, ou même pas du tout, avec de plus grandes[4]. »

---

1. Galileo Galilei, *Il Saggiatore*, Rome, 1623, traduction en français sous le titre *L'Essayeur* par Christiane Chauviré. Annales Littéraires de l'Université de Besançon, n° 234 : Les Belles Lettres, 1979, p. 239. *Opere* de Galilée, Vol. VI, p. 348.
2. *Op.cit.*, partie II, 4, p. 65.
3. John Locke, *Essai philosophique concernant l'entendement humain*, traduit de l'anglais par M. Coste, Amsterdam, 1755 (édition anglaise, 1689), Livre II, Chap. 8.
4. Galilée, lettre à Piero Dini de Rome en date du 21 mai 1611, dans Maurice Clavelin, *Galilée copernicien : le premier combat (1610-1616)*, Paris, Albin Michel, 2004, p. 155-156. La même idée se trouve dans les *Principes de la philosophie* de René Descartes : « Et pour cela les productions de l'art ne m'ont pas peu aidé : entre elles et les corps naturels, je ne reconnais en effet aucune différence si ce n'est que, dans la plupart des cas, les opérations des productions de l'art sont accomplies par des instruments si grands qu'ils sont facilement perçus par les sens... », *op. cit.*, IX, quatrième partie, paragraphe 203.

Dans ce texte, Galilée fait glisser les anciens procédés techniques (les artifices des Anciens) du côté de ce qu'il nomme la nature de telle sorte qu'ils deviennent la nature ou, plus exactement, la nature est conçue comme un ensemble de mécanismes et de problèmes techniques à résoudre. La nature est devenue, comme nous le suggérions précédemment, mécanico-géométrique. Cette nouvelle nature galiléenne est aussi ce que Descartes définit comme la *res extensa* (l'étendue indéfinie) ou, plus exactement, la *res extensa* est ce qui supporte ontologiquement le mécanisme.

Poursuivons notre cheminement cartésien. Sans entrer dans le détail, inutile ici, de l'œuvre cartésienne, venons-en immédiatement à la réponse à nos interrogations : à n'en pas douter, si l'on peut dire ici, c'est l'*ego* (l'*ego* du *cogito*), c'est-à-dire l'*ego* comme *res cogitans*, dans le déploiement de sa volonté de puissance – qui n'est pas encore pure volonté de puissance – et de saisie pratique des choses et des hommes qui assure le règne du sujet connaissant et agissant dans la nature, une nature qui est celle de la *res extensa* et de l'explicitation mathématique. Il y a à la racine et au fondement ontologique de l'explicitation mathématique le préalable d'une subjectivité (l'*ego*, irréductible au néant sauf à croire Dieu trompeur), mais cette subjectivité produit une objectivité ; une objectivité qui est la conséquence du déploiement dans la *res extensa* de l'ordre démonstratif mathématique, déploiement qui constitue la nouvelle nature dont dérive la nouvelle science. Ou pour le dire autrement : il y a de l'étendue et le « y » est ce qui précisément se développe suivant l'ordre démonstratif. La nouvelle nature galiléo-cartésienne est objective non pas en soi, mais en raison de la cohérence apportée par l'ordre démonstratif mathématique soutenu ontologiquement par la *res extensa* qui constitue comme un nouvel être des choses et de leur organisation. J'appellerai donc cette subjectivité très particulière portée par la *res cogitans*, puisqu'elle produit « comme » de l'objectivité, la subjectivité objectivante. Dans cette perspective, on peut dire que l'*ego* du *cogito* cartésien s'accomplit dans l'explicitation mathématique qui est la nouvelle idée de nature, quoique, bien évidemment, nous le verrons par la suite, cette subjectivité objectivante n'apporte en aucun cas la stabilité ontologique des anciennes substances et formes qu'elle a chassées.

Cette situation est très particulière car il n'y a plus dès lors, semble-t-il, rien d'extérieur à l'*ego* ou, pour le dire autrement, par l'ego du cogito se trouve mise en place, *via* le processus de la subjectivité objectivante, un enfermement qui sépare radicalement le je pensant de l'ouverture à la totalité, laquelle d'ailleurs ne pourra jamais être retrouvée, quoique Jean-Paul Sartre s'efforce, par exemple, de sortir du solipsisme dans *La transcendance de l'Ego*[1]. C'est dans ce contexte d'un monde, la nouvelle nature, réduit à l'ego du cogito que doit être comprise la célèbre expression du *Discours de la Méthode* selon laquelle Descartes parle de « nous rendre comme maîtres et possesseurs de la nature ».

> « Car elles [quelques notions générales touchant la physique] m'ont fait voir qu'il est possible de parvenir à des connaissances qui soient fort utiles à la vie, et qu'au lieu de cette philosophie spéculative qu'on enseigne dans les écoles, on en peut trouver une pratique, par laquelle connaissant la force et les actions du feu, de l'eau, de l'air, des astres, des cieux, et de tous les autres corps qui nous environnent, aussi distinctement que nous connaissons les divers métiers de nos artisans, nous les pourrions employer en même façon à tous les usages auxquels ils sont propres, et ainsi nous rendre comme maîtres et possesseurs de la nature[2]. »

1. Jean-Paul Sartre, *La Transcendance de l'Ego*, Paris, Vrin, 2012, (Première édition dans les *Recherches philosophiques*, en 1936).
2. René Descartes, *Discours de la méthode*, *op. cit.*, VI, sixième partie, p. 61-62.

De quelle nature est-il question ici ? Non pas celle conçue, par exemple, à la manière des anciens Grecs que l'on pourrait, quoique cela ne soit pas toujours vrai, comprendre comme totalité ou du moins comme souci d'une cohésion du tout avec lui-même, mais d'une idée réduite de nature, réduite à l'expression du je s'affirmant, *via* la subjectivité objectivante, dans l'explicitation mathématique. Il en résulte que, ce qu'on appelle aujourd'hui science de la nature, qu'il s'agisse de la science classique ou de la science moderne et contemporaine, n'a pas affaire avec l'ouverture, dans le questionnement, à la totalité, avec l'accueil de la totalité, totalité infinie qu'il convient d'appeler Nature. Il n'y a pas de science de la Nature, il n'y a de science que de la nature conçue par la subjectivité objectivante comme expression, dans un temps réduit (au regard du devenir et de la caducité universelle), de l'explicitation mathématique.

La science de la nature, parce qu'elle est mécanico-mathématique, développe dans son explicitation mathématique des lois et des règles qui nous permettent d'agir, comme l'indique Descartes, sur le plan technique tout en nous conduisant à ignorer l'ouverture à la totalité. Nous sommes bien « comme maîtres et possesseurs de la nature », mais cette nature n'est qu'une fiction, elle est « comme » ! Descartes n'est d'ailleurs pas dupe de cette situation (alors que Galilée semble l'être) comme en témoigne la construction de ce qu'il appelle « son monde » et non pas le monde.

Dans une lettre en date du 22 juillet 1633 adressée au Père Minime Marin Mersenne, Descartes, annonce que son Traité, celui qu'il aime à dénommer « mon Monde » est « presque achevé » :

> « Mon traité est presque achevé, mais il me reste encore à le corriger et à le décrire ; et pour ce qu'il ne m'y faut plus rien chercher de nouveau, j'ai tant de peine à y travailler que si je ne vous avais promis, il y a plus

de trois ans, de vous l'envoyer dans la fin de cette année, je ne crois pas que j'en puisse de longtemps venir à bout ; mais je veux tâcher de tenir ma promesse [1]. »

La promesse ne sera pas tenue. La seconde condamnation de Galilée en 1632 (la première date de 1616) conduit Descartes à renoncer tant à publier son ouvrage qu'à en transmettre une copie à Mersenne. Il s'en explique dans une lettre adressée au Minime à la fin du mois de novembre 1633 :

> « En effet je m'étais proposé de vous envoyer mon Monde pour ces étrennes et il n'y a pas plus de quinze jours que j'étais encore tout résolu de vous en envoyer au moins une partie, si tout ne pouvait être transcrit en ce temps-là ; mais je vous dirai que m'étant fait enquérir ces jours à Leyde et à Amsterdam, si le *Système du Monde* de Galilée n'y était point, à cause qu'il me semblait avoir appris qu'il avait été imprimé en Italie l'année passée, on m'a mandé qu'il était vrai qu'il avait été imprimé, mais que tous les exemplaires en avaient été brûlés à Rome au même temps et lui condamné à quelque amende : ce qui m'a si fort étonné, que je me suis quasi résolu à brûler tous mes papiers, ou du moins de ne les laisser voir à personne. Car je ne me suis pu imaginer que lui qui est italien, et même bien voulu du pape, ainsi que j'entends, ait pu être criminalisé pour autre chose, sinon qu'il aura sans doute voulu établir le mouvement de la Terre, lequel je sais bien avoir été autrefois censuré par quelques cardinaux mais je pensais avoir ouï dire que depuis on ne laissait pas de l'enseigner publiquement, même dans Rome ; et je confesse que s'il est faux, tous les fondements de ma philosophie le sont aussi, car il se démontre par eux évidemment. Et il est tellement lié avec toutes les parties de mon Traité, que je ne l'en saurais détacher, sans rendre le reste tout défectueux. Mais comme je ne voudrais pour rien au monde qu'il sortît de moi un discours, où il se trouvât le moindre mot qui fut désapprouvé de l'Église, aussi aimé-je mieux le supprimer que de le faire paraître estropié [2]. »

On distingue deux grands moments dans les quinze chapitres qui nous sont restés du manuscrit cartésien [3] : les

1. Descartes, *Œuvres de Descartes*, *op. cit.*, vol. 1, p. 179.
2. *Ibid.*, vol. 1, p. 270-271.
3. Dans le manuscrit de Descartes, *Le Monde* précédait le *Traité de l'homme* et Clerselier indique que ce dernier texte « a pour titre chapitre 18 ». La fin du chapitre 15 et les chapitres 16 et 17 qui forment la liaison sont donc perdus.

chapitres I à V s'emploient principalement à éliminer les entités et qualités réelles des scolastiques (comme nous l'avons noté précédemment avec Galilée) au sens où elles existent indépendamment des sujets qui les perçoivent, et à y substituer, d'un point de vue général, l'hypothèse du mouvement local entre les parties de la matière ; les chapitres VI à XV exposent ce que Descartes appelle la « fable de son Monde ». Un monde évidemment sans rapport avec celui qu'avait pu créer Dieu.

> « [...] Mais afin que la longueur de ce discours vous soit moins ennuyeuse, j'en veux envelopper une partie dans l'invention d'une Fable, à travers laquelle j'espère que la vérité ne laissera pas de paraître suffisamment, et qu'elle ne sera pas moins agréable à voir, que si je l'exposais toute nue.
>
> Permettez donc pour un peu de temps à votre pensée de sortir hors de ce monde, pour en venir voir un autre tout nouveau que je ferai naître en sa présence dans les espaces imaginaires. Les Philosophes vous disent que ces espaces sont infinis, et ils doivent bien en être crus, puisque ce sont eux-mêmes qui les ont faits. Mais afin que cette infinité ne nous empêche pas et ne nous embarrasse point, ne tâchons pas d'aller jusqu'au bout ; entrons-y seulement si avant, que nous puissions perdre de vue toutes les créatures que Dieu fit il y a cinq ou six mille ans ; et après nous être arrêtés là en quelque lieu déterminé, supposons que Dieu crée de nouveau tout autour de nous tant de matière, que, de quelque côté que notre imagination se puisse entendre, elle n'y aperçoive plus aucun lieu qui soit vide[1]. »

L'expression « la fable de mon monde » peut paraître troublante, mais ne l'est pas et résonne parfaitement avec le sens de « comme » dont nous avons rappelé l'introduction dans la sixième partie du *Discours de la Méthode* : « comme maîtres et possesseurs de la nature ».

Descartes, après avoir considéré dans les chapitres I à V la diversité comme un donné, se propose dans les chapitres

1. René Descartes, *Le Monde ou Traité de la lumière, op. cit.*, XI, p. 31-32.

suivants du *Monde*, pour en expliquer la genèse, d'user « d'une fable, au travers de laquelle j'espère que la vérité ne laissera pas de paraître suffisamment ». Un monde est à construire sans être le monde. C'est le monde de la subjectivité objectivante, un monde feint, une « fable ». Une fable certes, mais assujettie à ce que l'on pourrait appeler en termes modernes des conditions initiales : à savoir un Dieu à la fois créateur et infini (la fable se déploie dans l'indéfini).

Nous ne reviendrons pas ici sur la construction cartésienne dont nous avons déjà traité en détail précédemment, dans d'autres ouvrages. Il nous importe cependant de rappeler les termes par lesquels se clôt le chapitre XV. De ce chapitre nous n'avons, semble-t-il, que le commencement et qui, de plus, est le dernier de notre version puisque les chapitres XVI et XVII manquent. Quoi qu'il en soit, les derniers termes qui nous sont parvenus sont très éloquents :

> « Ayant ainsi expliqué la nature et les propriétés de l'action que j'ai prise pour la lumière, il faut aussi que j'explique comment par son moyen les habitants de la planète que j'ai supposée pour la Terre, peuvent voir la face de leur ciel toute semblable à celle du nôtre. »

Lorsque Descartes, ayant abandonné l'idée de publier « son Monde » en donnera cependant un résumé dans la cinquième partie du *Discours de la Méthode*, éclairant en cela le contenu de la sixième partie dont nous avons déjà parlé, il écrit :

> « [...] en sorte que je pensais en dire assez, pour faire connaître qu'il ne se remarque rien en ceux (mouvement, situation, substance, etc. des cieux et des astres, etc.) de ce monde, qui ne dût, ou du moins qui ne pût, paraître tout semblable à ceux du monde que je décrivais[1]. »

Le monde feint, celui du géométrico-mécanique et de la *res extensa*, de l'étendue indéfinie, est peut-être « semblable » au vrai monde, il est « comme », mais seulement « comme ». Il

1. René Descartes, *Discours de la méthode*, *op. cit.*, IV, cinquième partie, p. 43-44.

n'est qu'une fable construite autour d'une modalité de l'être, l'étendue indéfinie. La mécanique cartésienne n'est pas la mécanique galiléenne. Elles se distinguent par une conception radicalement différente de ce qui est, de la réductibilité ou non de ce qui existe au concept. La réflexion cartésienne sur le « comme » et la « fable » laisse en suspens, par-delà le cogito, une ouverture vers l'exister en évitant la confusion immédiate galiléenne de l'exister avec la seule construction de la subjectivité objectivante. Ou, pour le dire autrement, Descartes affirme la séparation du plan de l'Être et de celui de l'objet construit, c'est-à-dire du plan de la subjectivité objectivante, quoique cette séparation puisse être abolie pour ceux qui « n'ignorent pas Dieu »[1]. Cependant, hors ce « fondement métaphysique » la vérité de la « science » n'est celle ni de l'être ni de l'étant. Par cette rigoureuse distinction l'exister « sous-tend » l'étant et laisse, sans Dieu, l'objet de la subjectivité objectivante à son néant d'être. Une confusion très malheureuse pour qui ignore Dieu, de l'étant et de l'objet de la subjectivité objectivante dépouille alors l'étant de son exister, de son intériorité, l'abandonne à la description notionnelle et ouvre définitivement le champ moderne du nihilisme et de la chosification de tout exister. L'étant n'est plus rien, nous non plus. La distinction entre le fait et la fiction, le vrai ou la norme et le faux, s'efface ouvrant la voie, nous le savons déjà, aux totalitarismes.

1. On notera cependant que Descartes indique que cela, la séparation ou le « comme » voire le « probable » ne concerne que celui « qui ignore Dieu » car « pour celui qui sait qu'il existe et qu'il n'est pas trompeur, elles (les explications) sont tout à fait certaines », Lettre à Regius, de juin 1640, *op. cit.*, III, p. 64-65. De même dans les *Principes de la Philosophie*, « De plus, même parmi les choses naturelles, il y en a que nous estimons certaines absolument et plus que moralement, appuyés que nous sommes sur ce fondement métaphysique : Dieu est souverainement bon et nullement trompeur et par conséquent la faculté qu'il nous a donnée pour discerner le vrai du faux ne peut se tromper quand nous en usons correctement et percevons distinctement quelque chose grâce à elle ; telles sont les démonstrations mathématiques ; telle est la connaissance de l'existence des choses matérielles ; et tels sont les raisonnements évidents qui les concernent », *op. cit.*, quatrième partie, paragraphe 206.

De nos jours, absorbés que nous sommes par les réussites techniques de la « fable » de la subjectivité objectivante, l'ouverture à la totalité, l'exister, encore en filigrane chez Descartes, nous échappent ; peut-on même en avoir encore le souci ? Nous restons, entichés de progrès, piétinant l'existant, enfermés dans notre monde réduit de l'efficace subjectivité objectivante où tout apparaît assujetti à des lois et à des règles immuables alors que le devenir, ce devenir confondu dans notre soumission à la fable mécanique avec la variable indépendante « t », devrait, dans son éternel jeu de la caducité des choses, nous interroger, nous inciter à méditer et à nous inquiéter un peu. Une inquiétude qu'illustre entre angoisse et néant, non sans humour, Benjamin Fondane à propos de Pascal : « Là, où vous ne voyez qu'une chaise, Pascal voit un abîme ; vous vous asseyez pour acquérir la certitude qu'il s'agit bien d'une chaise ; la chaise tient ; mais Pascal passe à côté de la chaise et il est happé ; vertigineusement, il tombe[1]. »

Le fleuve d'Héraclite, ce devenir sans début ni fin – éternel, toujours vivant, feu – n'a que faire de notre petit temps mécanique, de ce temps réduit, infécond et desséché qui, dans la « fable » de la subjectivité objectivante, règle nos vies en dissimulant l'existant tragique. Nos vies réglées le sont sans nous dans la subjectivité objectivante. Nous sommes dans un empêchement de penser et, n'y a-t-il pas plus grande douleur pour l'homme que de l'empêcher de penser c'est-à-dire de s'ouvrir, dans le questionnement, à la totalité[2].

Afin de ne pas mourir affolé par une nécessité qui n'en est pas une, de ne pas mourir stupide et béat, au nom finalement

1. Benjamin Fondane, *Rimbaud le voyou*, Paris, Plasma, 1979, p. 121 (Première édition, 1933).
2. Sur ces questions voir Giorgio Colli, *Philosophie de l'expression*, traduit de l'italien par Marie-José Tramuta, postface de Mazzino Montinari, Éditions de l'Éclat, 1988 (première édition italienne 1969), principalement la partie intitulée « La raison errante ».

d'une « fable », d'une « fable » certes efficace, mais d'une « fable », il convient maintenant, afin de ne pas définitivement accomplir le chemin du nihilisme, d'essayer de retrouver, au cœur de ce qui a conduit à l'émergence de la subjectivité objectivante, comme une source oubliée, vers l'ouverture, dans le questionnement, à la totalité. Comment penser hors de la pensée technicienne ?

Chapitre 3 : Une déchirure vers l'exister ?

« Elle est retrouvée
Quoi ? – l'Éternité
C'est la mer allée
Avec le soleil[1]. »
Arthur Rimbaud.

À LA FIN DU CHAPITRE PRÉCÉDENT, il est apparu nécessaire de renouer avec l'ouverture, dans le questionnement, à la totalité. L'oubli de cette ouverture nous conduit à vivre, je l'ai montré, dans le monde réduit de la subjectivité objectivante et, corrélativement, dans le monde de la puissance et de la seule efficacité pratique et technique qui, nous le constatons chaque jour, nous conduit vers l'abîme.

Comment renouer avec une pensée de l'ouverture à la totalité ? Comment retrouver un chemin vers cette ouverture, vers l'accueil de la totalité ? Comment prendre la mesure de ce qui relève de la subjectivité objectivante et de notre exister en devenir dans la totalité ? Comment être présent dans la présence de la totalité ? Comment penser ?

1. Arthur Rimbaud, « L'Éternité », dans *Poésies* (vers nouveaux), Gallimard, 1984, p. 108.

Construire un chemin, après plusieurs siècles de subjectivité objectivante nous ayant assujetti à l'exister dans son monde réduit voué à la puissance infinie, ou considérée comme telle, de la technique, un monde où l'*hubris* s'affirme partout contre toute mesure, apparaît comme une tâche très difficile. Elle doit cependant être entreprise, du moins comme un geste pour dire, à nouveau, qu'il n'y a pas qu'un seul destin exclusivement technique pour l'homme. Comment entreprendre cette tâche, comment trouver un chemin, un fil pour nous indiquer une direction ?

La pensée d'Héraclite – et de bien d'autres – constitue un exemple, un exemple par lequel nous comprenons que nous sommes enfermés dans le monde réduit de la subjectivité objectivante, mais, ce n'est qu'un signe, il ne peut constituer un véritable point de départ pour une nouvelle pensée de l'ouverture à la totalité. Le temps de la subjectivité objectivante a fermé l'horizon et le retour vers les pensées d'avant ne peut être d'aucun secours parce que précisément elles sont des pensées d'avant, des pensées niées et rejetées en dehors de notre fameuse rationalité, elle aussi réduite à la subjectivité objectivante – une rationalité devenue calculante. Une autre piste peut s'avérer plus fertile : pourquoi ne pas revenir un peu en arrière au moment où s'installe la subjectivité objectivante ? Pourquoi ne pas retourner vers ce moment décisif de l'effacement du Logos johannique lorsqu'avec Giordano Bruno, l'infini semble, après lui, comme se réduire au seul infini en nombre et grandeur, cet infini qui se transforme en la dualité cartésienne de l'infini/indéfini, puis de la *res extensa,* de l'étendue indéfinie ?

Nous avons constaté précédemment que l'infini dans les textes bruniens impliquait un jeu de l'immanent et du transcendant et, qu'en outre, l'infini en nombre et grandeur n'était pas le seul infini. Qu'en est-il du sens de ces autres infinis ? Ne peuvent-ils pas ouvrir un chemin pour nous aujourd'hui, un chemin pour penser au-delà de Giordano Bruno, vers l'ouverture, dans le questionnement, à la totalité ?

L'infini-là

Revenons donc à Giordano Bruno et à son inspiration infinitiste afin d'en percevoir tous les enjeux, pour en nourrir aujourd'hui notre réflexion sur l'exister dans l'horizon de l'ouverture à la totalité. Dans le paragraphe 3 du chapitre premier de ce livre, nous avons indiqué, en particulier, que pour Bruno, l'infinité ne se réduit pas à celle suivant le nombre et la grandeur. L'infinité est double, voire triple, puisqu'elle n'est pas seulement de nombre et de grandeur, mais aussi d'une part « nature », c'est-à-dire « ombre et trace de la divinité » comme une sorte d'« âme du monde » et d'autre part « présence et puissance », d'une manière inexplicable. J'ai dénommé précédemment ces deux « infinités », les infinités selon la présence.

Ce qui m'importe dans ces textes de Bruno et dans sa réflexion sur l'infini, c'est de comprendre que les choses et les êtres, contrairement à ce qu'il en sera par la suite dans la subjectivité objectivante, ne sont pas seulement abandonnés à eux-mêmes dans une infinité selon le nombre et la grandeur, mais existent dans une infinité que l'on peut tenir pour immanente, un exister dans l'infini comme une ouverture à la totalité. Cette expérience suggérée par la lecture de Giordano Bruno, d'un exister dans l'infini, je la nomme l'infini-là pour reprendre une expression que j'ai déjà introduite dans mes précédents livres. Aucune connotation *a priori* divine ou religieuse dans cela. Disons, du point de vue d'une analytique première de l'infini-là, que l'exister est fini, là, mais aussi, en tant que l'exister est, il est dans l'infini. Par conséquent, l'expérience de l'infini-là est mon expérience, celle de mon existence dans sa finitude tout en étant aussi, en tant que mon exister est, dans l'infini.

L'infini-là est une déchirure dans le monde réduit de la subjectivité objectivante, une déchirure vers l'exister et l'ouverture à la totalité, à l'infini et à l'accueil.

Nous n'avons pas perdu notre temps à relire et à profiter de l'œuvre de Giordano Bruno. Elle suggère un chemin, un chemin qui fut bien vite oublié au XVIIe siècle : un autre chemin que celui du seul infini en grandeur et en nombre et de l'emprise de la subjectivité objectivante, un chemin d'où jaillit *via* l'infini-là, un autre exister au monde. Un exister qui s'ouvre à la totalité. Comment penser cette ouverture à la totalité ? Comment s'ouvrir à la présence de la totalité ? Quel chemin emprunter pour renouer avec l'exister comme infini-là ?

L'exister comme infini-là est une présence. Comment dire cette présence alors que les mots et les concepts, déjà, la nient dans son advenue même. Comment rendre les mots à la vie, à cette vie par laquelle ils nous rendraient vraiment humains ? Des mots retrouvant, contre la chosification, la force d'ordonner ce qui est, de le rendre à l'exister, à notre expérience de l'exister. Il y a, ne l'oublions pas, le chant, ce chant où le monde se renoue dans l'agencement et le rythme des sons et des mots, un chant où peut se tisser, en renouvelant les mots la demeure même d'un exister, d'une ouverture vers le questionnement. Un exister que le poète fait surgir, car le poète est le médiateur ; il est par excellence celui par lequel s'ouvre la possibilité du questionnement. Écoutons André Frénaud (1907-1993), écoutons sa poétique du questionnement.

Un chemin vers l'infini-là : la poétique du questionnement[1]

Dans son importante œuvre poétique, André Frénaud a dessiné un chemin ontologique, une ouverture à la totalité, qui voisine avec celui que j'ai précédemment évoqué. Dans les pages qui suivent, je me propose non de présenter la poétique d'André Frénaud, mais de la saisir comme le témoignage d'une expérience de l'exister formulée dans l'intransigeance et l'honnêteté, une expérience que je dirais ontologique de l'infini-là. Ce que j'ai appelé la poétique du questionnement.

Dans son remarquable recueil *Il n'y a pas de paradis* paru chez Gallimard en 1962, André Frénaud, dans le poème intitulé « Sans avancer », considère l'être dans son insaisissabilité et dans sa trace « au travers du silence un éclat », alors que, déjà, le moment poétique de l'infini-là, le passage, « s'est obstrué ».

> « L'être patiemment se meut à travers tout.
> Il éveille il s'ignore il est caché
> De l'une à l'autre forme il ne passe pas,
> hors quand se défont assez toutes mes prises
> pour que remonte et sourde soudain
> au travers du silence un éclat
> Qu'en garde-t-elle ma parole transformée ?
> Qu'en reste-t-il dans ma vie qui a repris ?
> La faveur n'était pas durable
> Le passage s'est obstrué[2]. »

1. Des éléments de ce paragraphe ont déjà été donnés dans notre ouvrage, *La Chair vive et la beauté de l'exister. Quatre chapitres sur l'infini dans le fini*, Paris, Librairie d'Amérique et d'Orient Jean Maisonneuve, 2015.
2. André Frénaud, *Il n'y a pas de paradis. Poèmes*, Paris, Gallimard, 1962, « Chemin du vain espoir (1951) », poème « Sans avancer », p. 123-124. On notera que dans l'édition du même recueil dans Poésie/Gallimard, Paris, 1967, que « patiemment » est remplacé par « impatiemment » et qu'une ponctuation est introduite.

Roger Munier dans son long commentaire de l'œuvre de Frénaud, *L'Être et son poème. Essai sur la poétique d'André Frénaud*, précise et approfondit notre lecture :

> « Au départ, soulignons la profondeur de l'approche, qui confirme notre propos. L'être y est dit à la fois en passage : il « se meut à travers tout » – et figé : « de l'une à l'autre forme il ne passe pas ». Il « éveille » en faisant surgir et dans sa trace, mais lui-même « s'ignore », toujours dépassant sa trace vers une autre et une autre, en exode. Et par là « caché », dérobé à toute prise, hors sa trace[1]. »

La tâche du poète, en particulier dans le cas d'André Frénaud, consiste à capter le frémissement qui traverse les choses, dans l'exister, non pas sans doute à saisir l'être dans sa mobilité, mais à témoigner de son passage. Frénaud s'en explique dans sa « Note sur l'expérience poétique » :

> « Ce que dit le poète serait d'un intérêt assez limité s'il ne faisait qu'exprimer au moyen d'instruments de sa composition, et fussent-ils les plus agréables à entendre, des sentiments qu'il avoue et dans lesquels chacun peut se reconnaître, ou même s'il révélait en l'imaginant une part de lui-même à lui-même inconnue. Il s'agit de bien autre chose[2]. »

Si la poésie ne se résume pas à quelques discours agréables où s'effectuent un partage des sentiments, voire une reconnaissance de soi-même, de quoi s'agit-il ? De témoigner de ce frémissement de l'être, entrevu, peut-être – Frénaud emploie à plusieurs reprises le terme de « visitation »[3] ; un témoignage qui est précisément le poème. Le poème consiste, par l'image et le rythme, redonnant aux mots une vie active, par-delà

1. Roger Munier, *L'Être et son poème : essai sur la poétique d'André Frénaud, suivi d'une glose inédite d'André Frénaud sur le poème « Pour une plus haute flamme par le défi »*, La Versanne, Encre marine, 1993, p. 46-47. Roger Munier, ce « penseur de l'être inaccessible » comme le lui écrit André Frénaud dans une dédicace manuscrite lors de la réédition en 1977 du volume *Les Rois mages*, Paris, Gallimard, 1977 (collection privée).
2. André Frénaud, « Note sur l'expérience poétique », dans *Il n'y a pas de paradis*, préface de Bernard Pingaud, Paris, Gallimard, « Poésie/Gallimard », 1967, p. 237.
3. Voir en particulier « Passage de la visitation (1946-1950) », dans le recueil *Il n'y a pas de paradis*, *op. cit.*, p. 89-117.

l'exercice critique et analytique qui dissout l'unité, à rendre compte d'une expérience de l'être, d'un passage et d'un retrait, d'une ouverture à la totalité. La poésie, « qui est clarté énigmatique » comme l'affirme René Char[1], découvre et cache à la charnière du visible et de l'invisible ; elle s'impose comme questionnement et André Frénaud de préciser :

> « C'est seulement lorsqu'il est rendu au temps et à lui-même que le poète peut vivre en quelque manière au-dessus du temps et en communication avec le Tout. Souveraineté précaire... En prenant pied dans la conscience, l'Être n'y surgit que pour disparaître. À travers le formidable tumulte qu'a produit son irruption, ont retrouvé aussitôt leurs droits la lenteur dialectique, le retard logique, nos pouvoirs-limites dans le monde du temps et de la séparation. Le poème doit s'en arranger ; il ne peut même exister qu'à cette condition[2]. »

En outre, dans son livre d'entretiens avec Bernard Pingaud, *Notre inhabileté fatale*, publié chez Gallimard en 1979, André Frénaud précise :

> « Que la poésie soit pour moi ontologie, inutile de le répéter. Mais à la condition d'ajouter que, s'il s'agit d'une évidence, elle est – comment vous dire ? – incertaine, et ne peut que le rester. Frappé par elle lorsque se produit l'*événement*, le poète en même temps ne cesse d'en douter. Il a, dirais-je, le devoir d'en douter. Car son pire ennemi, le pire ennemi de l'expérience ontologique est l'illusion. Ainsi, dans le corps de certains de mes poèmes, on découvre une mise en garde, un souci de me raccrocher à la réalité perceptible pour échapper à cet instant intemporel qui est peut-être illusoire[3]. »

Le poème est cette expérience, peut-être illusoire ou incertaine de l'exister dans ce que j'appelle l'infini-là ; une expérience, comme une métamorphose du regard intérieur et du regard sensible, une expérience de l'être entrevu et perdu,

1. René Char, *Impressions anciennes*, Paris, GLM, 1972, p. 17.
2. André Frénaud, « Note sur l'expérience poétique », *op. cit.*, p. 242. On peut lire sur ce point les analyses proches données par Kostas Axelos dans *Ce questionnement*, Paris, Édition de Minuit, 2001, p. 48-49 et 103.
3. André Fénaud, *Notre inhabileté fatale : entretiens avec Bernard Pingaud*, Paris, Gallimard, 1979, p. 158.

du frémissement universel loin du jeu des concepts et de la possession. Une expérience peut-être illusoire, mais, parce qu'elle est cependant un horizon d'expérience, un chemin de l'exister, elle s'offre comme une ouverture, un questionnement.

> « L'Être qui violemment "pilote" le monde, le défait et le régénère, l'homme en est, s'il en constitue un instant précaire, une partie obscurcie, dans le malheur de la séparation. Son positif est infirme, mais son manque est absence. Sa vocation à la divinité, c'est le poète qui la réalise quelques fois et qui la lui remémore[1]. »

« Les éclats de l'être » surgissent dans le poème, dans son écriture, images et métaphores, pour nous livrer l'expérience d'un exister, d'un infini-là. En cela, l'être dont l'infini-là signe la présence n'est pas une chose, il est une source exigeant de nous création pour en avoir l'expérience, une source qui perdure et s'efface dans ses propres manifestations. Il est mon expérience de l'exister dans l'immanence ou, comme le dit avec force André Frénaud : « Je cherche et je trouve presque et je perds[2] ». De même, dans le magnifique poème intitulé « Le silence de Genova » qui rapporte la quête d'un essentiel, toujours imminent, et d'un geste d'adieu, toujours renouvelé : le poète saura-t-il « pressentir encore le rêve inscrit, ressassé dans ces pierres » ? Frénaud s'interroge :

> « Était-ce l'aube, ou le soir déjà perce ?
> Qu'avions-nous espéré que nous allons cherchant[3] ? »

Le poème témoigne de l'infini-là, il en reste comme la marque d'un exister, d'un « indéfait », pour reprendre une expression d'Yves Bonnefoy[4], d'un exister touché et perdu à la fois :

1. André Frénaud, « Note sur l'expérience poétique », *op. cit.*, p. 243.
2. André Frénaud, *Il n'y a pas de paradis, op.cit.*, poème « Où est mon pays », p. 153.
3. André Frénaud, « Le silence de Genova (1961-1962) », dans le recueil *La Sainte Face. Poèmes*, Paris, Gallimard, « Coll. Blanche », 1968, p. 193.
4. Yves Bonnefoy, *Genève 1993*, Paris, Éd. de l'Herne, 2010, p. 32.

« Où est mon pays ? C'est dans le poème.
Il n'est pas d'autre endroit où je veux reposer.
Tombeau vivifié par le flux des sèves,
ma vie morte y chante à voix toujours fraîche.
Prends-le dans ta voix, tu entendras crier
l'univers qui violemment y construisit un nid
et s'enfuit en tumulte. Dans l'étrange ramage
je me suis reconnu et je reprends naissance
de par la foudre qui m'anéantit dans l'unité,
dans ma neuve parole[1]. »

Une « neuve parole » où le poète peut-être « pour un instant [a saisi] l'Unité du Tout, panorama et racines, abîmes et ciel bleu, recoins avec ce qu'il faut de vertigineux pour qu'il éprouve le vertige, oiseau qui rassemble à lui seul toutes les imaginables ailes, tout à la fois »[2].

Un poète qui est « parti à l'aventure sur un appel et guidé, mais abandonné le plus souvent et réduit à l'impuissance, exalté ou vacillant au cours de sa longue marche, [...] durant le temps presque imperceptible où il s'identifie avec le château [le poème pour Frénaud] reconnaît *qu'il a construit ce qui est* »[3]. Un instant où, dans la contradiction et le déchirement, le visible et l'invisible se rassemblent. Une Unité qui se noue dans une ouverture où l'Autre bien vite s'impose, une ouverture qui se referme alors dans le poème :

> « Et la fulguration évanouie, il ne restera qu'un monument en face de lui, plus ou moins ample et élevé, dont il fera le tour avec déception, tant celui-ci ressemble à beaucoup d'autres qu'il connaît, morne et d'une beauté tout extérieure. Et il s'efforcera de retrouver, à l'examiner de différents côtés, à y monter et descendre, à parcourir salles et corridors, à se fixer sur telle partie au milieu des proportions et des formes,

1. André Frénaud, *Il n'y a pas de paradis*, *op. cit.*, poème « Où est mon pays », p. 155. Notons que « endroit » est remplacé par « lieu » dans l'édition Poésie/ Gallimard, *op. cit.*
2. André Frénaud, *ibid.*, texte « Le château et la quête du poème (1957) », p. 291-292.
3. *Ibid.*, p. 292.

quelques échos de la voix illuminante qui s'est fait entendre parfois au cours et au sommet de la route[1]. »

Quelque chose s'est laissé reconnaître dans l'épaisseur du monde, comme à l'occasion d'une « visitation »[2], d'une ouverture à la totalité, et le poème le chantera, mais « [i]l n'y a pas de paradis » :

« Je ne peux entendre la musique de l'être
Je n'ai reçu le pouvoir de l'imaginer
Mon amour s'alimente à un non-amour
Je n'avance qu'attisé par son refus
Il m'emporte dans ses grands bras de rien
Son silence me sépare de ma vie[3]. »

La strophe suivante de ce poème revêt la plus grande importance pour André Frénaud puisqu'il la reprend de sa main, sur la page de garde, en dédicace du volume qui contient ce poème et qu'il adresse à Roger Munier en avril 1968. Elle résume[4] en quelques vers l'essentiel de sa conception de l'être de mobilité qui est aussi, pour une large part, celle de notre infini-là :

« Être sereinement brûlant que j'assiège.
Quand enfin je vais l'atteindre dans les yeux,
sa flamme a déjà creusé les miens, m'a fait cendres.
Qu'importe après, le murmure misérable du poème.
C'est néant cela, non le paradis[5]. »

Et André Frénaud de commenter ce texte dans *Notre inhabileté fatale* :

---

1. *Ibid.*, p. 292. Le texte est légèrement modifié dans Poésie/Gallimard, *op. cit.*
2. André Frénaud, *ibid.*, « Passage de la visitation (1946-1950) », le poème « Il n'y a pas de paradis », p. 89.
3. *Ibid.*
4. André Frénaud, *ibid.*, exemplaire 31 sur vélin pur fil Lafuma-Navarre (collection privée)
5. André Frénaud, *ibid.*, p. 89.

> « La poésie, tout simplement, parle pour la vie et elle parle pour l'homme. Elle parle pour lui. Je veux dire qu'il n'y a pas de poésie sans une haute aspiration, à la limite celle de "changer la vie". Et d'en dire l'impossibilité n'empêche pas d'en avoir la nostalgie ni d'y aspirer. De ce désir au-delà des désirs, ce qu'on appelait naguère le "chant" du poète procure des traces. Il est vrai qu'à l'écouter plus tard, il arrive souvent au poète dégrisé de découvrir qu'il est loin du compte. Alors il écrit *Il n'y a pas de paradis*[1]. »

Cependant, tout dégrisé que se découvre le poète, l'expérience de l'exister, le chemin de l'exister laisse une trace, le poème ; un témoignage d'un instant où quelque chose est advenu, comme une « visitation », l'infini-là :

> « Ô l'épée aveuglante.
> L'âtre infiniment
> nu.
> L'aurore naissante…[2] »

Il y a « l'aurore naissante » et son souvenir, il y a cela que je m'efforce de suivre comme Les Rois mages car « je ne puis guérir d'un appel insensé ». Le poème se fait à contre-néant, il est la trace de l'expérience de l'exister, d'un chemin vers l'infini-là. Il est cela, la preuve peut-être illusoire et incertaine, mais la preuve qui nous saisit, d'un chemin de l'exister contre le néant porté par la subjectivité objectivante, d'un chemin de l'exister malgré tout, dans le questionnement, parce qu'il faut tenir et qu'il n'y a pas d'autres voies pour l'homme.

Une éthique se construit dans l'ouverture à la totalité, une éthique pour être ensemble qui puise sa source dans la caducité de ce qui est. Une caducité par laquelle dans son effort

---

1. André Frénaud, *Notre inhabilité fatale ; entretiens avec Bernard Pingaud*, Paris, Gallimard, 1979, p. 129.
2. André Frénaud, *L'Étape dans la clairière. Poèmes*, Paris, Gallimard, 1966, p. 24.

pour la surmonter, l'humanité devient l'humanité. À chacun de tenir et de faire face à la croisée du néant et de l'être dans une non-espérance, comme un chemin de l'exister, un destin qui s'appelle la dignité.

Épilogue : L'éclat de l'ouverture

> « Mais de l'énigme, comme de l'éclat, on ne peut rien dire[1]. »
>
> Patrick Reumaux

L'OUVERTURE, dans le questionnement, à la totalité, André Frénaud l'a indiqué, c'est l'éclat, le visible qui devient visible, une présence qui interpelle et qu'on accueille loin de la clôture de la subjectivité objectivante. Notre réflexion arrive à son terme, profitons de l'éclat de l'ouverture, un éclat retrouvé qui est simplement l'éclat de notre exister dans l'ouverture à la totalité, notre présence dans la présence. Il faut renaître au visible.

Dans un mouvement incessant de couleurs et de lumières, la rue défile devant mon regard. Feux clignotants, publicités diverses, voitures se reflétant les unes les autres et me reflétant ; le visible m'absorbe, mais que vois-je ?[2]

1. Patrick Reumaux, *Les Dieux habitent toujours à l'adresse indiquée*, édition Vagabonde, 2010, 2018, p. 28.
2. Des éléments de ce paragraphe ont déjà été donnés dans notre ouvrage, *La Chair vive et la beauté de l'exister. Quatre chapitres sur l'infini dans le fini*, Paris, Librairie d'Amérique et d'Orient Jean Maisonneuve, 2015.

Sortons de la ville, échappons aux écrans et panneaux publicitaires ; erreur, ils sont toujours là, présents et stupides, effaçant le monde en annonçant les multiples activités d'une zone industrielle ou commerciale. En tout lieu, mon regard ne m'appartient plus ; il m'est dérobé. Il est happé dans un zapping continu par un objet technique ou un autre : l'annonce d'un monument que l'on voit à peine, une éolienne, un groupe d'éoliennes, des fils et des câbles traversant le paysage dans tous les sens, *etc.*, mais que vois-je ?

Une sorte de film, sans trame, se déroule devant mes yeux ; il m'importune, mais il est là. Comment le chasser, comment y échapper ?

Tous ces objets, écrans ou bâtisses sont installés au cœur de mon champ visuel dans leur seule posture utilitaire et agressive. Ils se substituent à ce qui est, à ce qui est là, sans autre appel que le fait d'être là. Appel de quoi et de qui alors ? Qui peut m'appeler et qu'est-ce qui peut appeler là où, seul, ce qui est, est ?

Ce qui est, le minéral, le végétal ou l'animal, se tient là, en silence, à portée du regard ; un regard qui répond à un appel, un souffle, tout en étant appel lui-même. Que dire de ce regard qui, demeurant amoureux, échappe à l'insistance des choses utilitaires hantant l'espace en le transformant en espace commercial ?

Que dire de ce regard qui répond à un autre appel, un appel silencieux ? Un regard dépris de l'utilitaire, de l'obsession des choses imposées et qui, déjà, se concentre vers un autre visible ou, comme l'écrit parfaitement Yves Bonnefoy, dans *La Beauté dès le premier jour* :

> « [...] que vais-je faire de ce grand arbre que je vois là devant moi, paraissant m'attendre ? Cet arbre devant l'horizon, sous le ciel, ce n'est pas un chêne ou un platane, comme décideraient de dire le botaniste

ou l'exploitant agricole, c'est d'abord la présence simultanée, sous mes yeux, de toutes ses racines visibles, de toutes ses branches et feuilles dans leurs rapports réciproques comme ils ont lieu ici, nulle part ailleurs, et dans l'instant présent, qui ne se répétera pas. Et c'est donc encore un fait absolu de mon être au monde, avec, remarquons-le, une ouverture tout aussi naturelle et simple sur une pensée de l'infini[1]. »

Une pensée de l'infini, une ouverture à la totalité, se fait jour dans cette présence absolue car en chaque lieu vers lequel je porte mon regard, ce lieu, avec les choses qui le constituent se déplie et se donne dans une profondeur d'infini que je ne peux résumer en une pensée ou un concept :

« [...] qu'est-ce qui caractérise ces feuilles, ces racines, que je regarde toutes ensemble ? C'est que je perçoive d'infimes ramures, de menues gerçures et taches sur l'écorce, c'est que je ressente que cette branche-là, sur le ciel, va jusqu'en tel point et pas plus loin, non plus qu'en deçà : or, je ne puis compter tous ces aspects de ma perception globale, ils sont en nombre infini, ce qui fait de cet infini non une pensée mais une perception immédiate, et qui fait corps avec l'intuition de l'absolu, comme le déploiement intérieur de son évidence[2]. »

De cet invisible, associé intrinsèquement à ma perception immédiate et globale, surgit un infini, un infini présent et immanent ; un tremblement de l'infime qui s'ouvre, comme l'écrit Claude Esteban, sur l'infini :

« Elle est sublime, la petitesse
d'une goutte de rosée
saisissez-la quand elle tremble
encore sur un pétale
et que le temps s'immobilise et que l'infime
vous accorde l'infini[3]. »

1. Yves Bonnefoy, *La Beauté dès le premier jour*, William Blake & Co Édit, 2009, p. 36-37. On peut consulter sur ces questions Maurice Merleau-Ponty, *Le Visible et l'Invisible*, Paris, Gallimard, 1964, en particulier les « notes de travail ».
2. *Ibid.*, p. 37.
3. Claude Esteban, *La Mort à distance. Poèmes*, Paris, Gallimard, 2007, p. 119.

L'infini-là comme une expérience de l'exister où se mêlent « autant d'expériences possibles de l'absolu et de l'infini ensemble[1] ». Le regard, lorsqu'il ne saisit pas les choses par un simple processus conceptuel bien qu'il soit entraîné à cela par l'usage spontané de dénominations closes, toutes faites, et le plus souvent visant à l'utilitaire, assujetties à la subjectivité objectivante, s'ouvre à la présence simultanée d'éléments à l'infini.

Cet arbre dans sa seule présence est inépuisable au regard. Cet arbre est une expérience de l'exister dans l'infini, un infini-là. Une expérience de l'exister qui se nourrit de l'intériorité du regardeur, car c'est aussi son exister qui se trouve dans l'interrogation de ce qu'il est lui-même comme infini-là. Cette interrogation porte en elle la stupeur et le saisissement suscités par la présence de ce qui est, ce qui est comme un absolu dans son infini déploiement. Ainsi le poète Philippe Jaccottet écrit-il à l'occasion d'un commentaire qu'il propose d'un texte de Hölderlin :

> « Ainsi, dans certaines figures du monde visible, c'était l'Inconnu, l'Invisible, l'Infini qui venait à sa rencontre [Hölderlin] : il n'y a pas d'autres mots pour exprimer cela. Hölderlin rejoignait par là l'expérience religieuse des Anciens et, nourri de quelques dialogues de Platon, de scènes de l'*Iliade* ou des *Tragiques*, d'odes de Pindare, la puissance de son amour pour les Grecs était si grande que c'était nécessairement en leurs dieux que s'incarnaient ces apparitions. Mais le saisissement, la stupeur restaient toujours la réaction première, sans laquelle il n'y aurait eu qu'une comédie intellectuelle, et un rapide déclin de la poésie. Tout, chez lui, naît toujours d'une rencontre ou d'un heurt avec l'Illimité, qu'il appelle volontiers aussi le Sacré, d'une rencontre qui n'a pas moins de réalité, malgré son caractère essentiellement énigmatique, que la rencontre d'un être ou d'un arbre[2]. »

1. Yves Bonnefoy, *op. cit.*, p. 37.
2. Philippe Jaccottet, *Paysages avec figures absentes*, Paris, Gallimard, 1976, p. 147. Il importe, concernant l'ensemble des questions que nous abordons cursivement ici, de garder à l'esprit l'œuvre de Rainer Maria Rilke, *Œuvres*, en trois volumes, sous la direction de Paul de Man, Paris, Éd. du Seuil, 1966, 1972 et 1976. On peut également consulter *Rilke* par Philippe Jaccottet, Paris, Éd. du Seuil, 1970, rééd. 2006.

L'intériorité du regardeur, qui ne peut être que culture et réflexion, parce qu'elle est aussi l'objet de son propre questionnement, s'ouvre sur un infini par lequel je suis ce que je suis, dans une présence échappant à tout code et réductions, à la brutalité du concept, à la possession.

Une double ouverture sur l'infini se déplie alors, dont la profondeur, en me saisissant, me livre à la beauté, une beauté disponible au regard de chacun et en particulier à Philippe Jaccottet :

> « Un jour que, sans y "descendre" à proprement parler, j'avais, avec des compagnons de promenade, longé un verger de noyers, ce n'était pas une allégorie de quoi que ce soit qui, en lui, avait, le temps de le longer, retenu mon attention la plus intérieure. Même si j'avais eu pour les dogmes de l'Église le même respect que Claudel, pour rien au monde je n'aurais voulu voir ces beaux arbres s'effacer au profit de pensées, fussent-elles les plus vénérables ! N'empêche : ils me semblaient, sans cesser d'être des arbres, rayonner au-delà d'eux-mêmes[1]. »

Le verger de noyer, comme l'arbre précédemment évoqué, sont beaux en tant que tels ; ils « rayonnent au-delà d'eux-mêmes » dans l'infinité de leur présence et non parce que l'on pourrait voir en eux l'image, la métaphore ou le symbole d'autre chose susceptibles d'apaiser. La beauté est dans cette patience, dans cette attention, cette réception à ce qui est, une attention et une patience que le poète ou le peintre, pour rappeler les noms de Morandi[2] ou de Giacometti[3], requiert en ménageant des ouvertures vers l'infini dans le fini. Ce que Philippe Jaccottet appelle « un enfoncement du regard dans l'épaisseur

1. Philippe Jaccottet, *Œuvres*, préface de Fabio Pusterla, édition établie par José-Flore Tappy, avec Hervé Ferrage, Doris Jakubec et Jean-Marc Sourdillon, Paris, Gallimard, Bibliothèque de la Pléiade, recueil « Et néanmoins », p. 1107.
2. Sur ce peintre, on peut consulter Philippe Jaccottet, *Le Bol du pèlerin (Morandi)*, Genève, La Dogana, 2001, 2006.
3. La bibliographie concernant Giacometti est considérable. On peut cependant consulter Yves Bonnefoy, *Giacometti : biographie d'une œuvre*, Paris, Flammarion, « Les Grandes monographies », 2012.

de l'incompréhensible et contradictoire réel ; d'une observation à la fois acharnée et distraite du monde, et jamais, au grand jamais, d'une évasion hors du monde »[1].

Du visible à l'invisible, le regard s'est transformé en échappant à l'imposé, au fini, au borné ; les choses se sont dépliées dans un exister inouï, un infini-là, un infini-là au monde, une ouverture à la totalité. En un mot, pour le dire comme Sébastien Labrusse à propos de Philippe Jaccottet : « Le sentiment du beau n'est donc rien d'autre que l'épreuve du rayonnement des choses, épreuve de l'infini depuis le fini »[2].

Il n'y a dans tout cela, dans ces jeux d'infini et de fini où les choses semblent rayonner dans leur présence, qu'une expérience bien commune. Qui ne s'est jamais promené en bordure d'une forêt ? Qui n'a jamais traversé des vergers de noyers ou d'autres, que sais-je encore ? Mais la promenade ne fait pas le regard, l'attention du regard, l'enfoncement du regard dans une sorte d'observation acharnée, à l'opposé de la vaine dispersion qui égare l'homme moderne loin de son centre.

L'épaisseur du visible, toujours camouflée, voire dérobée, par des objets absorbant le regard, doit être reconquise dans une expérience de l'exister qui reconnaît dans chaque chose une présence, un infini-là. Sans cette attention nourrie d'intériorité, les choses se réduisent, dans la paresse, à des concepts tout faits, à des mots, à des habitudes machinales de nomination dans l'existence abolie. L'ouverture sur l'invisible alors se referme comme un nœud et, en se nouant, l'infini-là gît mort avant d'avoir été.

1. Philippe Jaccottet, *La Promenade sous les arbres*, Lausanne, La Bibliothèque des Arts, 2009, p. 32.
2. Sébastien Labrusse, *Au cœur des apparences : poésie et peinture selon Philippe Jaccottet* précédé de *En compagnie des peintres / entretien avec Philippe Jaccottet*, Chatou, Les Éditions de la Transparence, 2012.

La beauté aussi s'assèche et, devenue dérisoire dans sa présence évanouie, plus rien n'interdit alors à celui qui oublie ce qui est effectivement là, présent, tout en niant sa propre intériorité, de couper l'arbre et de raser le verger de noyers. Le béton et la ferraille peuvent alors les remplacer et l'infini, l'invisible profondeur de la présence, en se détachant de mon exister, de mon questionnement, me figent dans le monde de l'artificiel, de la subjectivité objectivante, qui ignore la fragile durée des êtres en s'installant définitivement dans l'éternité de la mort, de la chosification.

Ce qui est là n'est présent qu'au prix d'un regard attentif, nourri d'intériorité, un regard d'où émergent du visible, l'invisible, la beauté, une expérience de l'exister. Une expérience d'arrachement à ce qu'on nous impose de voir, à la condition somnambulique de notre regard.

Un chemin de l'exister est déjà là dans ce regard attentif où chacun peut s'ouvrir et reconquérir une intériorité perdue. Les poètes sont là pour nous aider, pour créer des ouvertures sous les mots, les concepts et les symboles, pour retrouver de la présence et de l'infini, pour être, un peu, comme le dit Philippe Jaccottet, des « serviteurs du visible »[1].

Une présence des choses qui n'est alourdie par rien de matériel au sens du concept de matière, ni ne se trouve détachée de ma vie pour être figée dans un monde artificiel assujetti à la mesure, au nombre et au calcul ; pas de Dieu non plus ! Simplement un regard attentif et patient, un souci de l'attention à ce qui, comme dans un surgissement, se présente, une ouverture à la totalité.

Les choses du monde ne sont que ce qu'elles sont, à chacun d'en percevoir la part d'invisible, d'infini dans une expérience

1. Philippe Jaccottet, *Paysages avec figures absentes*, *op. cit.*, p. 181.

de l'exister, de l'infini-là, de « l'infini et de l'absolu ensemble » comme l'écrit magnifiquement Yves Bonnefoy [1].

La présence de cette part d'invisible et d'infini au sein de ce qui nous semble fini est bien une expérience de la transcendance dans l'immanence, une transcendance qui est notre exister sans Dieu ni clôture illusoire : une ouverture, dans le questionnement, à la totalité.

1. Yves Bonnefoy, *La Beauté dès le premier jour, op. cit.*, p. 37.

Du même auteur

La Conceptualisation newtonienne des phénomènes de la couleur, Paris, Vrin, 1983.

La Naissance de la mécanique analytique. La science du mouvement au tournant des XVIIe et XVIIIe siècles, Paris, PUF, 1992.

Les Raisons de l'infini. Du monde clos à l'univers mathématique, Paris, Gallimard, coll. « les Essais », 1993. Traduction américaine, Chicago University Press, 1998.

Les Figures de l'arc-en-ciel, Paris, Carré, 1995, rééd. Paris, Belin, 2006.

Les « Principia » de Newton, Paris, PUF, 1995, rééd. Paris, Dunod, 2017.

La Naissance de la science classique, Paris Nathan, 1998.

Lumière sur les couleurs, Paris, Ellipses, 2001.

La Science du mouvement de Galilée à Lagrange, Paris, Belin, coll. Sup, 2002.

L'Homme sans repos. Du mouvement de la terre à l'esthétique métaphysique de la vitesse (XVIIe-XXe siècles), Paris, Armand Colin, 2002.

La Science trahie. Pour une autre politique de la recherche, Paris, Armand Colin, 2003.

La Science du mouvement des eaux de Torricelli à Lagrange, Paris, Belin, coll. Sup, 2007.

Les Clôtures de la modernité, Paris, Armand Colin, coll. « L'inspiration philosophique », 2007.

Penser avec l'infini de Giordano Bruno aux Lumières, Paris, Vuibert, 2010.

Les Demeures de l'humain. Preuves et traces méditerranéennes, Paris, Jean Maisonneuve, 2011.

Quand la recherche était une République. La recherche scientifique à la Libération, Paris, Armand Colin, 2011.

Lumière sur les couleurs du monde vivant, Paris, VillaRose, 2011.

Les Ordres du chef : culte de l'autorité et ambitions technocratiques. Le CNRS sous Vichy, Paris, Armand Colin, 2012.

Dieu, la nature et l'homme. L'originalité de l'Occident, Paris, Armand Colin, 2013.

L'Existence au risque de l'innovation, Paris, CNRS éditions, 2014.

Penser ou cliquer ? Comment ne pas devenir des somnambules, Paris, CNRS éditions, 2015.

La Chair vive et la beauté de l'exister. Quatre chapitres sur l'infini dans le fini, Paris, Jean Maisonneuve, 2015.

Relire « Des révolutions des orbes célestes » de Nicolas Copernic, Paris, Éditions Nuvis, 2017.

Critique de l'histoire des sciences, Paris, CNRS éditions, 2017.

Neuropédagogie. Le cerveau au centre de l'école, en collaboration avec Christian Laval, Paris, Tschann & Cie, 2019.

Dialogue sur l'histoire, la religion et les sciences, en collaboration avec François Euvé, Paris, CNRS éditions, 2019.

Sous la direction de Michel Blay

*La Science classique, XVI*e *– XVIII*e *siècle. Dictionnaire critique,* (avec Robert Halleux), Paris, Flammarion, 1998.

L'Europe des sciences. Constitution d'un espace scientifique, (avec Efthymios Nicolaïdis), Paris, Seuil, 2001.

Grand dictionnaire de la philosophie, Paris, Larousse et CNRS éditions, 2003.

Dictionnaire des concepts philosophiques, Paris Larousse et CNRS éditions, 2007.

Achevé d'imprimer en mars 2020
sur les presses de l'imprimerie Chirat
pour le compte des éditions Les Belles Lettres
collection « encre marine »
selon une maquette fournie par leurs soins.
Dépôt légal : mars 2020
ISBN : 978-2-35088-181-2

catalogue disponible sur :
www.encre-marine.com